Florence Muranga

Wamwenderaki –
ein Waisenkind aus Uganda

Verlag der
St.-Johannis-Druckerei
C. Schweickhardt
Lahr-Dinglingen

MFB-Produktion
des Missionswerks
Frohe Botschaft
Großalmerode

CIP-Kurztitelaufnahme der Deutschen Bibliothek:

Muranga, Florence:
Wamwenderaki – ein Waisenkind aus Uganda / Florence Muranga. –
Lahr-Dinglingen : Verlag der St.-Johannis-Druckerei Schweickhardt,
1987.
  (Edition C : T, Taschenbuch ; 177)
    ISBN 3-501-00360-9
NE: Edition C / T

ISBN 3 501 00360 9

Edition C-Taschenbuch 56 777 (T 177)
© 1987 Verlag der St.-Johannis-Druckerei C. Schweickhardt, Lahr-
Dinglingen
Übersetzt aus dem Englischen von Reinhold Abraham
Titelbild: Missionswerk Frohe Botschaft e. V., Großalmerode
Innenillustrationen: Hilary Garang/Sudan, Juba
Gesamtherstellung:
St.-Johannis-Druckerei, 7630 Lahr/Schwarzwald
Printed in Germany   9263/1987

Inhalt

Einleitung

Fünf Jahre lang, vom August 1981 bis August 1986, lebte ich in Bayreuth in der Bundesrepublik Deutschland an der Seite meines Mannes, der dort studierte, und als Mutter von zwei Jungen. Einer meiner ersten Eindrücke bei der Ankunft dort war, wie leicht es für einen Menschen in Deutschland ist (selbst mit dem schmalen Einkommen eines Studenten), die Grundbedürfnisse des Lebens zu erfüllen. Fast alles stand in einem großen Kontrast zu der Lage in meinem Heimatland, wo ein Mensch oft mehr als zwölf Stunden am Tag schwer arbeiten muß, um ein bescheidenes Mahl für die Familie zu erwirtschaften. Natürlich veränderte sich mein Eindruck im Laufe der Zeit zunehmend, als die negative Seite des Lebens in Deutschland klarer hervortrat. Ich erkannte, daß ich noch nicht im Paradies angekommen war.

Dennoch blieb mir während meiner fünf Jahre in diesem sauberen Land sehr deutlich vor Augen, daß die Kinder in der Bundesrepublik bei weitem besser dran sind als die in meinem Heimatland. Selbst in den ärmsten Familien in Deutschland geht es den Kindern noch besser als im Normalfall in Afrika. Dieser Eindruck entstand bei mir nicht nur, weil ich zufällig aus Uganda stamme, einem Land, das durch Stammeskriege während der letzten zwanzig Jahre schwer mitgenommen ist. Ich glaube, meine Eindrücke wären im Grunde die gleichen gewesen, wenn ich als Bürgerin irgendeines anderen Landes der sogenannten Dritten Welt nach Deutschland gekommen wäre. Oft habe ich mir den Unterschied ausgemalt, was es für viele Kinder in meiner Heimat bedeuten würde, wenn jedes Kind in der Bundesrepublik Deutschland nur einmal im Jahr auf ein Paket Süßigkeiten oder eine Tafel Schokolade verzichten würde, um damit ein Opfer zu bringen für die Ausbildung afrikanischer Kinder.

Als eine bewußt christliche Frau und Mutter erhielt ich während der Jahre in Deutschland hin und wieder Gelegenheit, in Jugendkreisen zu sprechen. Dort berichtete ich über die Situation der Kinder in meiner Heimat und beantwortete Fragen dazu. Die meisten dieser Fragen zeigten eine Menge von Unwissenheit oder falscher Information über dieses Thema. Es geschah z. B. nicht selten, daß ich dem Vorurteil begegnete, die meisten Menschen in Afrika wären arm, weil sie faul wären. Noch schmerzlicher war jedoch für mich die Erfahrung, daß manche meiner Zuhörer nicht genügend Geduld aufbrachten, um meine Antworten in meinem ziemlich schwachen Deutsch anzuhören.

Diese Erlebnisse bewegten mich, die erste Geschichte dieses Buches »Sabines wundersame Traumreise nach Uganda« aufzuschreiben. Damit wollte ich viele jener Fragen beantworten, die mir hin und her begegneten. Dabei versuchte ich, so lebendig, wie meine Sprache es erlaubte, das schwere Leben der Kinder zu beschreiben, die in Afrika auf dem Lande aufwachsen.

Mit Absicht wollte ich einen weit verbreiteten Fehler vieler ausländischer Journalisten vermeiden. Manche versuchen ja, alle Probleme Afrikas mit einem Schlag durch ein Patentrezept zu lösen. Darum habe ich meine Erzählung in den Grenzen meines Heimatdorfes beschrieben. Das war mir um so wichtiger, als es meine Überzeugung ist, daß viele unserer afrikanischen Probleme nicht durch allgemeine Hilfsprogramme zu lösen sind, sondern eher durch kleine, aber gezielte persönliche Bemühungen.

Die zweite Geschichte geht auf eine Frage ein, die mir öfter von Erwachsenen gestellt wurde, die ein Patenkind in einem Teil der Dritten Welt versorgten. Oft wurde ich skeptisch gefragt, ob solche Anstrengungen überhaupt nötig wären, weil man doch in Afrika die Großfamilie hat.

In meiner Geschichte »Wamwenderaki« war es nicht meine Absicht, Grausamkeiten an einem Waisenkind zu schildern. Es gibt gewiß viele afrikanische Familien, die nicht nur ein, sondern sogar mehrere Waisenkinder aufgenommen haben, für die sie wie für ihre eigenen Kinder trotz all ihrer bescheidenen Mittel gesorgt haben. Andererseits möchte ich nicht ein zu rosiges Bild der Afrikaner schildern. Es gibt genau so viele hartherzige Afrikaner wie Europäer. Eine Lebensgeschichte wie die von Wamwenderaki ist keine Seltenheit in Uganda. Ohne die in Liebe ausgestreckte Hand von Pateneltern könnten sie sozusagen die »Hölle auf Erden« durchmachen. Das Bedürfnis, Lesen und Schreiben zu lernen, ist vor allen Dingen deswegen so hervorgehoben, weil es das Verlangen vieler afrikanischer Kinder ist. Viele von ihnen sind keine Waisenkinder, aber dennoch werden sie daran gehindert, das Vorrecht zu erleben, Lesen und Schreiben zu erlernen, weil keiner für die Schulkosten aufkommt.

Ich wäre jedoch die letzte Person zu behaupten, daß alles, was wir in einem befreiten Afrika benötigen, große finanzielle Hilfsprogramme aus Europa wären. Darum habe ich die Wichtigkeit unterstrichen, daß Wamwenderaki eine geistliche Erfahrung brauchte.

Im Alter von 17 Jahren erlebte ich das gleiche und ich weiß, welche Veränderung meines Lebens dadurch geschah, ganz im Gegensatz zu dem Leben meiner Freunde, die es alleine versuchten. Ich glaube, daß eine persönliche Beziehung zu Jesus Christus als Herrn und Leiter im Leben der größte Schatz ist, den ein Mensch je in dieser Welt gewinnen kann.

Es ist mir aber auch wichtig, darauf hinzuweisen, daß Wamwenderakis geistliche Erfahrung nicht verallgemeinert werden darf. Denn die meisten Kinder mögen zwar in meinem Heimatland getauft sein, dennoch sind sie oft durch Furcht vor den Geistern und die Anbetung der Ahnen gebunden. Für viele bedeutet das Christwerden noch keine wirkliche Befreiung, sondern lediglich die Taufe und damit ein christlicher Name.

Sie zählen sich fortan zu den Christen, weil sie weder Heiden, Moslems oder Hindus sind. Was ihnen aber fehlt ist die Hinwendung vom Christentum zu Christus.

Als bewußter Christ macht mir das mehr Not als all die anderen Probleme zuammengenommen. Ich persönlich verdanke meine Begegnung mit Christus der evangelistischen Arbeit in den Schulen, die ich besuchte. Darum möchte ich alles in meinen Kräften stehende tun, um den Kindern in meinem Heimatdorf eine christliche Erziehung zu ermöglichen. Aus diesem Grunde habe ich den größten Teil des Erlöses, den ich evtl. durch den Verkauf dieser Geschichten erzielen werde, für die Entwicklung der Schule in meinem Heimatdorf bestimmt.

Als ich noch in Deutschland war, befürchtete ich manchmal, daß ich das eine oder andere etwas übertrieben dargestellt haben könnte. Aber seit meiner Rückkehr nach Uganda, in dieses wirtschaftlich zerrüttete Land, sehe ich, daß ich in beiden Geschichten eigentlich noch in schwärzeren Farben hätte schildern können, denn die Armut meines Volkes ist unbeschreiblich und das in einem Land, das vor Idi Amin von Sir Winston

Churchill die Perle Afrikas genannt wurde. Durch Idi Amin und die Bürgerkriege danach wurde es das Armenhaus Afrikas wie im Nachwort von W. Heiner beschrieben.

Florence Muranga

Sabines wundersame Traumreise nach Uganda

Der Sonntag war einer jener Tage, die angefüllt waren mit solchen Sätzen wie »tu das« oder »tu das nicht«, wenn meine Mutter sich plötzlich in einen Polizisten verwandelte. Es fing schon an, als ich aufstand. Ich kam nur eine Minute zu spät zum Frühstück, oder um es genau zu sagen, fünf Minuten. Mit meinem Frühstück schluckte ich die Lektion über das Zuspätkommen hinunter, aber am Ende fehlten mir genau diese fünf Minuten, um noch rechtzeitig zum Kindergottesdienst zu kommen. Ich hätte schon im voraus wissen müssen, was geschah: Als ob ich noch nicht genug von meiner Mutter gehört hätte, entschied sich auch die »fromme Dame«, wie wir alle unsere Kindergottesdienstleiterin nannten, dafür, mir die Geschichte von den »Törichten Jungfrauen« zu erzählen, die zu spät zur Hochzeitsfeier kamen. Ich verstand sehr wohl ihren Wink mit dem Zaunpfahl, als sie mich lächelnd ansah. Fünf Minuten Verspätung machten aus mir automatisch eine Törichte Jungfrau. Es schien ihr Freude zu machen, sich vorzustellen, wie einige von uns in der Hölle endeten. Ich schluckte meinen Ärger hinunter und entschloß mich nach einigen Sekunden, nicht mehr daran zu denken. Nach allem, was sie uns über Gott erzählte, schien es seine Absicht zu sein, aus dem Leben aller Menschen jeglichen Spaß zu verbannen. Nur hatte wohl keiner den Mut, es so deutlich auszudrücken. Statt dessen brachte sie uns immerzu Lieder bei, die von der Liebe Gottes redeten. Ich habe natürlich nicht ein Körnchen davon geglaubt. Wenn er uns liebte, hätte er uns längst die Schulpflichten erspart. Dann könnten wir

Kinder aufstehen, wann wir wollten, und zu Bett gehen, wenn es uns Spaß machte. Natürlich hätten wir dann auch keine Hausaufgaben zu machen, so daß die Nachmittage völlig zu unserer freien Verfügung stünden. Jeder Tag wäre ein Ferientag! Wir würden auch nur dann zum Gottesdienst gehen, wenn wir uns danach fühlten. Und wenn der Kindergottesdienst immer in dieser Art verlief wie es zumeist war, dann würden wir wahrscheinlich ziemlich oft zu Hause bleiben. Ich dachte, einen solchen Gott würde ich über alle Dinge lieben können. Er wäre so ganz anders als meine Eltern.

Der Tag endete mit einer tränenreichen »Gute-Nacht-Geschichte« zwischen meiner Mutter und mir. Sie schaltete das Fernsehen mit der Erklärung ab, ich müßte jetzt zu Bett gehen, weil morgen die Schule früh anfinge. Den ganzen Weg die Treppe hinauf stampfte ich mit den Füßen. Im Schlafzimmer merkte ich aber bald, wie müde ich war. Darum zog ich schnell meine Kleider aus, schlüpfte in den Schlafanzug, betete noch pflichtbewußt ein kurzes Gebet, sprang ins Bett und war bald eingeschlafen.

Schlief ich denn überhaupt? Nein, ich träumte. Es schien mir, als ob ich sofort danach aufwachte, um mich in einer neuen und fremden Umgebung in Afrika wiederzufinden. Ich lag nicht mehr auf meinem bequemen Bett mit den sauberen Kissen, sondern auf einer harten hölzernen Bettstelle mit einer Matratze, die aus Bananenbast geflochten war. Zum Zudecken hatte ich nichts anderes als eine alte harte Decke. Der Raum war fast dunkel, aber im Licht der kleinen Sonnenstrahlen, die durch die Ritzen eines kleinen, schmalen Fensterladens fielen, konnte ich erkennen, daß mein Bett das einzige in diesem Schlafzimmer war, halb so groß wie mein Schlafzimmer zu Hause. Es war einfach eingerichtet: Die

Lehmwände hatten Risse, durch die man die hölzernen Pfähle sah und das Grasgeflecht. Im Zimmer gab es nichts Schönes zu sehen, auch keine Möbel. Über meinem Bett war der einzige sichtbare Gegenstand ein Holzpfosten, der von einer Wand zur anderen reichte und offenbar als eine Art Garderobe diente. Alle Kleidungsstücke, die ich sehen konnte, hingen an diesem Pfosten über mein Bett entlang. Als meine Augen sich an die Dunkelheit gewöhnt hatten, entdeckte ich schließlich in einer dunklen Ecke etwas, das wie ein Sack aussah. Darauf lag ein Stapel von Decken, ähnlich wie die auf meinem Bett. Oder sollte ich besser sagen, »unser« Bett, denn ich begriff bald, daß dieses Wort in meinem neuen Zuhause oft erklang. Die meisten Dinge gehörten uns allen gemeinsam. Als ich noch immer angestrengt versuchte, einen Lichtschalter zu entdecken, öffnete sich

11

plötzlich der Vorhang, der als eine Art Tür zum Nebenraum diente. Ein Mädchen trat herein, das, wie ich begriff, meine Zimmergenossin war, ungefähr so alt wie ich, aber viel schlanker, und etwa fünf oder sechs Zentimeter kleiner. Aus der Entfernung konnte ich kaum erkennen wie sie aussah. Ihre dunkle Erscheinung und die Dunkelheit des Raumes waren fast gleich. Jeder Schritt vorwärts brachte sie jedoch meinen Augen näher. Und ich erkannte, daß sie von fast atemberaubender Schönheit war! Ich mußte sie angestarrt haben, denn als ihre dunklen Augen meinen Blick trafen, lächelte sie zurückhaltend. Es war das süßeste Lächeln, voller Anmut, wie ich es noch nie in meinem Leben erlebt hatte. Das Lächeln entsprang ihren porzellanweißen Zähnen und erstreckte sich langsam und gleichmäßig über ihr wohlgeformtes, dunkles Gesicht, das dadurch wie mit einem Lichtschein erleuchtet wurde. »Sabine«, flüsterte sie ohne irgendwelche Überraschung oder Ärger in ihrem Blick über meine Erscheinung. »Du bist sehr spät dran. Wir sind jetzt fertig mit dem Graben im Garten, und die anderen waschen sich. Wir müssen uns jetzt mit dem Frühstück beeilen und zur Schule laufen.« Ihre Stimme war eine Mischung zwischen Befehl und Freundlichkeit. Damit erstickte sie alle meine Fragen im Keime, die mir durch den Kopf schossen. Ich gehorchte ohne Widerrede, obwohl ich sie eigentlich fragen wollte, wo ich wäre und was ich hier zu tun hätte. Meine Mutter hätte sich bestimmt über mich gewundert, denn im allgemeinen war das Gehorchen nicht meine starke Seite. Als ich aus dem Hause trat, brachte »Kampi«, so hieß das lächelnde Mädchen, einen Becher voll Waschwasser. Dieser Becher war nichts weiter als eine alte, teilweise verrostete leere Margarinedose! Ich amüsierte mich darüber, aber nahm sie gehorsam in die

Hand, um mein Gesicht zu waschen. Ihr zauberhaftes Lächeln unterdrückte wieder das Verlangen in mir, gegen einen solchen schmutzigen Becher zu protestieren. »Du kannst auch zugleich mit den anderen Mädchen im Bad deine Füße waschen«, gab sie mir weitere Anweisungen. Sie war offenbar nicht sehr beeindruckt über meine Anstrengungen, mein nasses Gesicht mit dem Kleid abzuwischen.

Ehe ich fragen konnte, wo das Bad sei, tauchten vier jüngere Mädchen hinter einer Grasumzäunung auf, die nur einige Meter entfernt war. »Das ist also das Bad!« amüsierte ich mich im stillen. In dieser kleinen umzäunten Fläche fand ich eine schwarze Metallschüssel, worin sich noch etwas Wasser befand. Tatsächlich gab es noch etwas Wasser – die Reste von dem Waschwasser der anderen vier Mädchen – aber wo waren die Handtücher?

Wo die Seife? Kampis plötzliches Kommen ließ meine Hoffnungen steigen, aber ich merkte gleich, daß sie weder Seife noch Handtücher hatte! Stattdessen wollte sie noch das bißchen Wasser mit mir teilen, von dem ich vorher schätzte, es würde noch gerade für mich reichen. »Wir müssen uns schnell waschen, ehe das Wasser ausläuft, die Schüssel hat ein Loch«, erklärte sie. Wahrscheinlich haben wir uns schneller gewaschen, als das Wasser davonrann, denn wir waren verhältnismäßig sauber und hatten am Schluß noch etwas Wasser übrig. Kampi und ihre Schwestern kleideten sich in ihre schikken Schulkleider. Darin sahen sie sehr hübsch aus, fast wie Gäste in ihrem einfachen Zuhause. Dann rannten wir die sechs Kilometer zur Schule durch kleine Bananengärten, durch Wald und Sträucher. Wir kamen noch gerade rechtzeitig an, aber völlig außer Atem. Das war für mich mehr als nur ein Trimm-Dich-Lauf. Jedoch galt es, pünktlich da zu sein. Andere, die einige Minuten später ankamen, wurden deswegen aufgeschrieben, das bedeutete, sie würden am Nachmittag eine Strafe bekommen.

Ich ging in die gleiche Klasse wie Kampi. Der Klassenraum sah in vielen Dingen ähnlich aus wie unser Zuhause: aufgeplatzte Lehmwände und ein loser, gestampfter Boden. Es gab für mich keinen Stuhl, denn ich war ein Neuling in der Klasse, und die Suche nach einem Stuhl blieb ohne Erfolg. Darum quetschte ich mich auf den Platz zwischen Kampi und ihrer Freundin. Wir teilten alles miteinander, angefangen vom Radiergummi bis zu den Schreibheften. Die Klassenatmosphäre war ganz neu für mich. Jede Schülerin lauschte so aufmerksam, als ob ihr Leben von einem jeden Wort aus dem Mund des Lehrers abhing. Es sah tatsächlich so aus, als ob der Lehrer eine wirkliche Autorität sei, mit der man rechnen

mußte. Dies schien niemanden zu stören, denn die Schülerinnen begleiteten ihre Antwort mit artigen Anreden wie: »Ja, Herr Lehrer« oder »Ja, Frau Lehrerin«, um ihre gehorsame Haltung zu unterstreichen.

In der Pause wurde ich zum Büro des Rektors gerufen. Kampi bot an, mich zu begleiten. Ich wollte erst ablehnen, denn ich dachte, das sei nicht nötig. Später war ich aber sehr dankbar für ihre Begleitung. Der Schulleiter war ein großer, kräftig gebauter Mann, eine starke Persönlichkeit, der bei mir eine Mischung zwischen Furcht und Respekt hervorrief. Kampi kniete sich demütig vor ihn auf den Boden, wie dies alle wohlerzogenen Mädchen in Buganda tun, und ich versuchte, das gleiche zu tun. Dabei hatte ich Probleme, denn meine Knie taten mir auf dem losen Zementfußboden weh. Von der Seite bemerkte ich, wie Kampi verlegen wurde. Sie schämte sich wohl für mich, daß ich nicht in der Lage war, vor dem Schulleiter eine solch einfaches Zeichen weiblicher Höflichkeit zu vollbringen.

Dieser kleine Raum, in dem ich kniete, unterschied sich von all den anderen Räumen, die ich bisher in der Schule gesehen hatte. Er besaß nicht nur einen Betonfußboden, sondern sogar weiß angestrichene Wände. Diese Farbe schien noch mehr Autorität auf den Lehrer zu übertragen, der in diesem Zimmer saß. Er machte mir deutlich, daß er mich eigentlich wegschicken wollte, wären da nicht die Bitten von Kampi gewesen. Eine lange Zeit ging das so hin und her. Jedenfalls schien es mir so, weil die Schmerzen in meinen Knien auf dem harten, kalten Fußboden immer stärker wurden. Schließlich hörte ich Kampis Versprechen, daß ihr Vater ohne Zögern meine Schulgebühren bezahlen würde. Auch würde er sicher die Kosten für meine Schulkleidung mit dem erfolgreichen Abschluß der Kaffee-Ernte bezahlen.

Noch einmal drohte der Lehrer mir das Wegschicken an. Dann durften wir endlich gehen.

Die Hälfte der Pause war schon vorüber, aber wir hatten noch etwas Zeit zum Essen. Es gab dort keine Schulkantine, aber einige Bananen konnten wir an der Ecke des Schulhofes kaufen. Irgendwie begriff ich, daß Leute aus unserer Familie sich solche Kostbarkeiten nicht leisten konnten, denn in unserem Hause wurde jede Münze mit Schweiß verdient. Als ob sie meine Gedanken erraten hätte, versicherte mir Kampi, ich solle mich nicht darüber sorgen. Wir hatten unser eigenes Essen bei uns. Zu Hause konnten wir ja nicht mehr essen, weil wir so spät dran waren, darum hatte Kampi gebratene Cassava-Wurzeln vom Abend zuvor in altes Zeitungspapier gewickelt und mitgebracht. Kampis jüngere Schwestern kamen auch dazu, und jeder von ihnen hatte noch zwei oder drei Freundinnen mitgebracht. So teilten wir das magere Frühstück, das kaum für »unsere kleine Familie« ausreichte. Niemand schien sich jedoch an der Anwesenheit der anderen zu stören (außer mir). Cassava ist ein schwerverdauliches Essen und kann für einen Fremden unangenehm im Magen liegen, aber für ein hungriges Kind schmeckt es süßer als die beste Schokolade. Ich hätte noch mehr essen können. Aber alles war schon weg, ehe ich mein erstes Stück richtig hinuntergewürgt hatte. Dann klingelte die Glocke, um das Ende der Pause anzuzeigen. Wir liefen schnell in unsere Klassenräume. Jedermann schien wieder so aufmerksam zu sein wie vorher, obwohl die meisten der Schüler überhaupt nichts in der Pause gegessen hatten. Ich wollte auch aufmerksam zuhören und strengte mich echt an, aber ich konnte mich nicht lange konzentrieren.

So viel ich mich auch anstrengte, ich war zu hungrig und konnte kaum den Sätzen der Lehrer folgen. Als ich

verstohlen hinter meiner Hand gähnte, entstand vor meinem inneren Auge eine Fata Morgana. Ich dachte an Deutschland und sah stapelweise Schokolade und Eis am Stiel vor meinem inneren Auge. Jedesmal, wenn ich etwas davon greifen wollte, verschwanden die Köstlichkeiten und lösten sich in Luft auf, denn ich träumte ja.

Und dann standen vor mir jene Bilder von hungernden afrikanischen Kindern, die ich im Fernsehen gesehen hatte. Sie sagten zu mir: »Du hast jetzt zum ersten Mal erfahren, was Hunger ist, aber du hast noch nicht wirklichen Hunger gespürt!« Es war eine schreckliche Erfahrung. Am Ende der Stunde gähnte ich so laut, daß jeder in der Klasse sich umdrehte und mich ansah, auch der Lehrer, aber niemand schien im geringsten darüber beeindruckt zu sein. Ich gähnte noch einmal, aber wie zu meiner Rettung klingelte es zur Mittagspause, und alle brachen in Gelächter aus.

Einige der Jungen und Mädchen, die nicht so weit von der Schule wohnten, gingen zum Mittagessen nach Hause. Aber wir anderen, die wir weiter weg wohnten, blieben dort. Das Essen in der Schule, für das natürlich unsere Eltern bezahlen mußten, bestand aus Maisbrei und manchmal auch gekochten Bohnen. An diesem Tag waren die Bohnen an der Reihe, und ich war ebenso aufgeregt wie die anderen. »Das ist wenigstens etwas Solides für den Magen«, dachte ich. Und mein Magen brauchte eine Füllung. Ehe die Bohnen ausgeteilt wurden, hörten wir noch die Namen der Schüler, die überhaupt zum Essen zugelassen waren. Mein Name erklang nicht. »Weißt du, deine Essensgebühren waren noch nicht bezahlt«, erklärte mir Kampi. »Man kann zwar die Schulgebühren etwas später bezahlen, aber nicht das Geld fürs Essen.« Das war eine schmerzhafte Nachricht für mich, es fehlte nicht mehr viel, und ich wäre vor Hunger umgefallen. Aber während die Tränen über mein Gesicht herunterliefen, hörte ich wie Kampi mir tröstend versprach, daß sie ihr Mittagessen mit mir teilen würde. Sie gab mir dann sogar die größere Hälfte ab. Danach gingen wir gemeinsam zu einem Wasserloch, um unseren Teller zu waschen und um etwas Wasser zu trinken. »Damit füllen wir die Löcher, die nicht von den Bohnen gefüllt wurden«, erklärte mir Kampi mit Humor.

Nach dem Essen gab es eine Freistunde, ehe der Nachmittagsunterricht begann. Nur für die Schüler, die irgendwelche Strafarbeiten zu erledigen hatten, gab es keine Freistunde. Spielplätze, wie ich sie kannte, waren kaum zu finden. Es gab nur einen Fußballplatz, der jedoch von den Jungen beansprucht wurde. Aber bald entdeckte ich, wie andere Schüler sich einfache Spielgeräte wie Schaukeln oder Fahrzeuge aus Draht gebastelt hatten, um damit zu spielen. Von einem Ameisenhügel herunterzurutschen, war ein interessanter Sport. Ich wollte mitmachen, hätte nicht Kampi in ihrer freundlichen aber festen Art mich gewarnt, daß dies in den Augen der Eltern nicht recht wäre. Denn sie konnten uns nicht immer wieder neue Kleider kaufen. »Jetzt ist dieser Spaß auch vorbei«, dachte ich im stillen. »Die Gebote und Verbote folgen mir, wo immer ich gehe, und hier sind sie sogar noch alberner als zu Hause. Wenigstens hatte sich meine Mutter nie darüber aufgeregt, wenn ich meine Jeans bei irgendwelchen Spielen zerrissen hatte.«

An diesem Nachmittag standen drei Stunden Landwirtschaft auf unserem Stundenplan. Zunächst wurde uns kurz erklärt, wie wichtig die Landwirtschaft ist. Den Rest der anderen beiden Stunden verbrachten wir damit, den Schulgarten umzugraben. Es war entsetzlich heiß. Normalerweise wäre ich zum Baden gegangen, aber hier schien das nicht in Frage zu kommen. Wir schwitzten alle sehr, ich war buchstäblich in Schweiß gebadet. Mein Kleid klebte unbequem an meinem Körper. Einige Jungen hatten ihr Hemd ausgezogen, darum zog ich auch einfach mein Kleid aus, um mich ein wenig abzukühlen. Um mich herum hörte ich ein Raunen und Gelächter, als ich mein Kleid über die Schultern zog und meine Beine und Unterhosen zum Vorschein kamen. Kampi kam ganz schnell an meine Seite und versuchte, mich von den Blicken der anderen abzuschirmen. Zugleich zog sie mir wieder ganz schnell das Kleid an. Warum tat sie das? Ein Blick in ihr Gesicht zeigte mir, wie sehr sie sich schämte und verlegen war. Offenbar ging es den anderen genau so. »Sabine«, flüsterte sie ganz entschieden, »nur unanständige Mädchen ziehen ihre Kleider vor den Jungen aus!« Ich begriff sofort. Für diese Menschen schien ich trotz meiner Unterwäsche nackt zu sein. Ich hätte das

gewiß noch besser verkraftet, wenn ich nur ein Eis für meine vertrocknete Kehle gehabt hätte!

Einmal abgesehen von der Hitze, war der Schulgarten kein einfacher Arbeitsplatz für ein halbverhungertes Kind. Es war eine große Versuchung, die halbreifen Früchte an den Bäumen zu sehen, oder die reifen Ananasfrüchte mit ihrem herrlichen Aroma, die frischen Passionsfrüchte oder die Orangen, die aus den süßriechenden, dornigen Büschen hervorleuchteten. Kampi, die offenbar meine Gedanken erraten konnte, beantwortete meine unausgesprochene Frage: »Sabine«, erklärte sie mir traurig, »für jede gestohlene Frucht gibt es eine Woche Landarbeit als Strafe. Du mußt wissen, daß die Früchte verkauft werden, um Geld für die Schule zu bringen.« Meine Gedanken wanderten nach Hause zu den Obstbäumen in unserem Garten, von denen ich jedes Jahr so viel essen konnte wie ich wollte! Wie so ganz anders war dieses Leben, wo alles schöne Essen verkauft wurde, um Geld zu erzielen! Dennoch schienen die Leute dadurch nicht reicher zu werden. Wieder riß mich die Schulglocke aus meinen Gedanken. Wir gingen schnell mit unseren Werkzeugen zur Schule zurück. Danach rannten wir zum Wasserloch hinab, um unsere staubigen Gesichter und Füße zu waschen und Wasser in unsere ausgedörrten Kehlen rinnen zu lassen.

Verglichen mit unserem morgendlichen Wettlauf war der Heimweg ein angenehmer Spaziergang. Zuerst marschierten wir in einer größeren Gruppe, aber immer wieder wandten sich einige unserer Mitschüler zur Seite, um nach Hause zu gehen. Nach kurzer Zeit waren nur noch einige von uns übriggeblieben. So hatte ich Gelegenheit, mich mit Kampi zu unterhalten. Bis jetzt hatte sich ihre Aufmerksamkeit auf verschiedene Freunde verteilt, aber nun hatte sie viel Zeit für mich. »Wir haben so viel Hausaufgaben auf«, sagte ich. »Das stimmt«, sagte sie ohne zu zögern. »Aber unsere Mutter wird uns sicher helfen, wenn wir nicht damit zurechtkommen«, dachte ich laut. Mit einem besonderen Lächeln auf ihrem Gesicht antwortete Kampi: »Sie würde uns wohl gerne helfen, aber Mutter kann kaum lesen und schreiben.« – »Oh, wie schade!« seufzte ich enttäuscht. »Und wie ist das mit Vater, kann der uns nicht helfen?« – »Nein, Sabine«, sagte sie freundlich aber bestimmt. »Ich weiß nicht, ob er es könnte, aber er will jedenfalls seine Ruhe haben. Wir müssen es schon selbst machen.« – »Aber, aber . . .«, fing ich wieder an, »ich habe noch nie meine Hausaufgaben allein gemacht! Meine Mutter ist immer da und wenn nötig auch mein Vater.« – »Mach dir keine Sorgen, ich kann dir helfen«, versicherte sie mir. »Ich habe immer meine Hausaufgaben ohne fremde Hilfe geschafft und nie mehr als zwei oder drei Fehler gemacht.

Aber jetzt müssen wir uns beeilen, denn wir müssen noch im Garten umgraben und Wasser holen, ehe wir uns an die Hausaufgaben machen können.«

Zu Hause angekommen, wurden wir herzlich von unseren Müttern begrüßt. Ja, wir hatten zwei Mütter. Unser Vater hatte zwei Frauen. Etwas, was hier ganz normal schien. Mir wurde gesagt, daß unser Vater eine Weile sogar drei Frauen gehabt hatte. Aber dann gab es Mißverständnisse, so daß die dritte Frau das Haus verließ. Sie ließ ihr einziges Kind zurück, eines der vier Mädchen. Zwei der Mädchen waren Kinder der jüngeren Mutter, wie sie allgemein genannt wurde. Kampi und ein anderes Mädchen gehörten zu der älteren Mutter. Sie hatte noch einen kleinen Nachkömmling. Der große Unterschied im Alter zwischen den beiden älteren Mädchen und dem Kleinen war durch die Not der Ereignisse eingetreten. Drei Kinder dazwischen waren eines nach dem anderen an Masern gestorben.

Jede der beiden Frauen besaß ihre eigene Küche, eine runde Hütte aus Lehmwänden mit einem Grasdach. Das Hauptgebäude hatte ein Wellblechdach, allerdings waren die meisten der Bleche schon recht verrostet. Als wir ankamen, gab Kampis Mutter gerade dem Baby die Brust, während die andere Mutter die Kochbananen für das Abendessen abschälte. Heute war sie mit Kochen an der Reihe. Es gab offenbar eine Absprache zwischen den beiden Frauen, wer mit Kochen an der Reihe war.

Höflich knieten wir nieder, um sie zu begrüßen. Sie gaben uns das Mittagessen, was wir dankbar zu uns nahmen. Dann zogen wir uns unsere häßlichen Arbeitskleider an, die nicht nur zerrissen, sondern auch schmutzig waren. Diese Kleider hätten eine Wäsche nötig gehabt. Niemand, der uns in der Schule gesehen hatte, hätte uns wieder erkannt. Plötzlich begriff ich, warum die Schulkleidung regelmäßig gewaschen wurde, aber die Arbeitskleidung nur ein- oder zweimal im Monat: Die Seife war viel zu teuer.

Als die Mütter erfuhren, daß wir schon in der Schule im Garten gegraben hatten, durften wir an diesem Tage mit der schweren Arbeit aufhören. Statt dessen wurde jedem befohlen, eine Dose voll Kaffee zu pflücken. Aber denkt nur nicht, daß die Dosen klein waren. Einst hatten sie Petroleum enthalten und zwar jede etwa 12 Liter.

So viel Kaffee zu pflücken, galt als leichte Arbeit? Keines der Mädchen protestierte. Für sie schien die Arbeit im Garten eine ganz natürliche Sache zu sein. Aber sie fanden einen interessanten Weg, um die schwere Arbeit zu erleichtern. Sie sangen die altbekannten Volkslieder, wiederholten den Kehrreim oder wiederholten Verse und Rätsel. Kurzum, sie unterhielten sich mit allen möglichen Arten von Wortspielereien, die für mich fremd waren, aber dennoch machten sie mir viel Spaß. Ich wurde dadurch abgelenkt und vergaß, Kaffee zu pflücken. Darum war ich überrascht, als die anderen Mädchen plötzlich ihre Dosen voll hatten. Aber ohne Zögern halfen sie mir, meine Dose zu füllen. Dann gingen wir zusammen nach Hause und schütteten die Kaffeebohnen in die Lehmhütte, die als Vorratsraum diente. Danach nahmen wir sofort andere Blechdosen auf den Kopf, diesmal waren es 20-Liter-Dosen, um unseren nächsten Botengang zu erledigen.

Der nächste Brunnen war zweieinhalb Kilometer entfernt, aber das Wasser von dort konnte nicht getrunken werden. Der bessere Brunnen befand sich in drei Kilometer Entfernung. Zum Glück brauchten wir diesmal nur Waschwasser, darum gingen wir zu dem näher

gelegenen Brunnen. Kampi und ihre Schwestern sangen unterwegs und versuchten, einander zu fangen, aber ich war mit meinen Kräften am Ende. Ich hatte einfach keine Freude mehr daran, mit ihnen noch weiter zu spielen. Jeder von uns nahm ein Bananenblatt, das er zu einem kissenförmigen Ring formte, damit die Blechdosen auf dem Kopf einen festen Halt hätten. Kampi machte zwei Ringe und gab mir einen ab. Schließlich kamen wir zu dem Brunnen, wenn das das richtige Wort dafür war. Es war eigentlich nichts weiter als ein kleiner Teich, der sich in der Regenzeit bildete und von Fröschen bewohnt war. Die Mädchen erzählten mir, daß nicht nur Frösche in diesem Gewässer zu Hause waren, sondern auch Schildkröten und an heißen Tagen sogar Schlangen. Kampi füllte alle unsere Behälter, und keines der Mädchen empfand irgendwelche Probleme darin, das volle Gefäß auf dem Kopf zu balancieren. Selbst die Kleinste unter ihnen, die leichter aussah als die 20 Liter, die sie auf dem Kopf trug, verrichtete mit Anmut und Stolz diese Aufgabe. Dies ist Vorbedingung, wenn aus einem Mädchen eine hoffnungsvolle Frau werden soll. Kampi bot sich an, mir meinen Wasserbehälter auf den Kopf zu setzen, und bald befanden wir uns auf dem Heimweg, wobei ich hinterhertrottete.

Beim abendlichen Waschen gingen wir sehr sorgsam mit dem köstlichen Naß um. Eine kleine runde Waschschüssel voll Wasser mußte für zwei Kinder reichen.

Zum Abendessen versammelten wir uns in einem Kreis um den Bananenbrei herum, der auf Bananenblättern auf einer Matte angerichtet war. Die jüngere Mutter bediente uns mit Soße. Das geschah natürlich erst, nachdem wir das Ritual des Händewaschens hinter uns gebracht hatten, das immer mit dem Vater anfängt und bei dem jüngsten Kind endet.

Diese Reihenfolge vom Ältesten hinab bis zum Jüngsten schien die festgelegte Ordnung aller Dinge zu sein. Je älter eine Person war, um so mehr Gewicht schien sie in der Gesellschaft zu haben. Daher verstand ich auch, warum Kampi über ihre Geschwister verfügen konnte, wenn ihre Eltern nicht dabei waren.

Die höchste Verehrung wurde dieser Ordnung gemäß dem Vater zuteil. Er schien haushoch über uns allen zu stehen. Wenn er uns Aufträge erteilte, wurden sie ohne Fragen erledigt. Selbst während des Essens saß er allein an einem Tisch. Dieses Tischlein war so klein, daß wir nicht alle daran Platz gefunden hätten, selbst wenn er uns dazu eingeladen hätte.

Es ist ziemlich einfach, Schokolade oder Kekse mit den Fingern zu essen, aber es ist eine ganz andere Sache, mit den Händen kochendheißes Essen aufzunehmen. Dazu braucht man eine lange Übung. Die heiße Nahrung

verbrannte meine Finger. Als ich gar versuchte, Soße
mitsamt dem Brei in meine Hand zu nehmen, verkleckerte ich so viel, daß jedermann darüber entsetzt war.

Nach dem Abendessen hatten wir endlich Zeit für
unsere Hausaufgaben. Wir fanden uns um den schmalen
Tisch zusammen, an dem der Vater beim Abendessen
gegessen hatte. Eine einfache, flackernde Kerze war
unsere einzige Lichtquelle. Sie sah aus wie eine kleine
Ölfunzel. Ich hörte, daß auch eine Petroleumlampe im
Hause war. Doch das Glas war zerbrochen, und die
ständig steigenden Preise für das Ersatzglas bedeuteten
für diese Familie, daß die Petroleumlampe nicht mehr zu
gebrauchen war. Meine Augen schmerzten, aber irgendwie gelang es mir mit Kampis Hilfe, die Rechenaufgaben
zu lösen. Bald schliefen wir tief und fest auf unseren
einfachen Betten. Sie waren bequem genug, um unsere
müden Körper zur Ruhe zu bringen.

Ich schien schon eine längere Zeit in der Familie gelebt zu haben. So langsam gewöhnte ich mich sogar an die Schwierigkeiten und auch an die Ordnungen jedes Tages. Das Leben war sehr eintönig, die Regeln des ersten Tages wiederholten sich bis zum letzten. Eines Tages regnete es, als wir von der Schule nach Hause kamen. Der Regen kam sehr plötzlich, als wir durch eine Bananenplantage gingen. Wir hatten keine Regenschirme, von Regenmänteln ganz zu schweigen, aber wir versuchten uns schnell einfache Regenschirme aus großen Bananenblättern zu machen. Der kräftige Sturm riß mit aller Gewalt an diesen Blättern, und in ganz kurzer Zeit waren wir durch und durch naß. Wir rannten den ganzen Weg nach Hause, ohne einmal anzuhalten. Dabei patschten unsere nackten Füße durch die Pfützen voll schmutzigen Wassers auf dem glitschigen Weg. Ich fühlte mich besonders unwohl in meinem nassen Kleid, das mir beim Rennen um die Beine schlug, während der kalte Wind auf meinem nassen Rücken eine Gänsehaut hervorrief. Mir war so richtig nach außen und nach innen kalt. Meine Freundinnen jedoch schienen sich zu freuen; für sie bedeutete Regen, daß Wasser im Hause war. Jeder Tropfen, der auf das rostige Blechdach fiel, wurde in Töpfe und Behälter gesammelt, bis alle voll waren. An diesem Tag war kein Gang zum Brunnen erforderlich. Mitten in der Nacht wachte ich auf, weil meine Zähne vor Kälte klapperten. Ich weckte Kampi. »Bitte, ruf einen Arzt!« bat ich dringend. Kampi rief sofort ihre Mutter herbei, und innerhalb von Minuten war sie an unserem Bett, wobei sie ihre Hand auf meine Stirn legte. Ihre Hand war offenbar das einzige Thermometer, das es in diesem Haus gab. Sie sah mich besorgt an und erzählte Kampi, daß ich Fieber hätte. »Kampi, steh auf!« flüsterte sie, »und bereite heißes Wasser in der Küche, während

ich selber einige Kräuter suche.« Sie verschwanden beide
draußen, um nach kurzer Zeit mit einem großen Topf
voll dampfender Kräuterbrühe zurückzukommen. Sie
bedeuteten mir, ich solle meinen Kopf über den Topf
halten. Als ich zögerte, erklärte mir die Mutter, daß ich
Malaria hätte. Es gab keinen Arzt, keine Krankenschwe-
ster, auch keine Medizin in der Nähe, darum sollten wir
bis zum Morgen warten, um dann gemeinsam zur nächsten Krankenstation zu gehen. Aber, fuhr sie fort, es sei
sehr wichtig, mein Fieber herunter zu bringen. Deswegen sei eine Schwitzkur das einzig Richtige. Mein Kopf
wurde unter ein Tuch gesteckt, unter dem das heiße
Wasser dampfte.

Ich ergab mich in mein Schicksal, wußte ich doch, daß
solch hohes Fieber eine schlimme Sache ist. Die ganze
Geschichte dauerte vielleicht 10 oder 15 Minuten. Als ich
das Tuch wieder vom Kopf herunternahm, hatte ich sehr
viel Schweiß verloren. Das schien mir Erleichterung
gebracht zu haben. Wenigstens konnte ich bis zum
anderen Morgen durchschlafen.

Am Morgen erwartete ich irgendwie, mit einem Kran-
kenwagen zur nächsten Krankenstation gebracht zu wer-
den. Aber wiederum mußte ich umlernen. Die fünf
Kilometer bis dahin galt es selbst zu laufen. Kampi
begleitete mich. Das bedeutete, wir verpaßten beide den
Unterricht in der Schule. Unterwegs legten wir einige
Pausen ein, damit ich mich ausruhen konnte. Mir fiel das
Laufen unendlich schwer.

Zu Hause war ich schon manchesmal mit Fieber
erkrankt, aber das war nichts gewesen im Vergleich zu
dieser Malaria. Es kam mir vor, als hätte in der Nacht
jemand alle meine Gelenke zerschlagen und alle meine
Kraft aus meinem Leib herausgequetscht, um mich mit
einem schalen Geschmack im Munde zurückzulassen.

Daß ich überhaupt gehen konnte, war schon ein Wunder, aber vielleicht kam mein starker Wille mir hier zu Hilfe. Denn ich begriff, daß ich selber Hilfe suchen mußte, wenn ich überhaupt eine Chance haben sollte. Mir blieb nur noch die Wahl zwischen dem Sterben zu Hause im Bett und dem Leben durch die Hilfe einiger Malaraquin-Tabletten, die ich am Ende des fünf Kilometer langen Weges zu erhalten hoffte.

Schließlich kamen wir bei der Krankenstation an. Das war ein kleines, festes Gebäude mit weißen Wänden. Es war tatsächlich das schönste Haus, das ich bisher hier entdeckt hatte. Aber innen war es völlig leer. Dort gab es keine Krankenhauseinrichtung, die ich in meinem alten Heimatland in einem solchen Fall erwartet hätte. Aber heute störte mich das nicht. Was allein wichtig war: Hier vermutete ich die einzige Hoffnung für meine Gesundheit. Was mich jedoch störte, war die lange Schlange von wartenden Patienten, die zwischen uns und dem Behandlungsraum stand. Ich hatte den Eindruck, ich würde nicht vor dem Mittagessen dort hinten ankommen. Jedoch wurde ich dadurch ermutigt, daß andere Patienten, die offenbar viel schwächer als ich waren, auch dort standen und geduldig auf ihre Behandlung warteten. Und in kurzer Zeit hatten andere Patienten sich hinter uns eingefunden.

Den traurigsten Anblick boten kleine Kinder, die ihr Essen nicht bei sich behalten konnten, sondern von Erbrechen oder Durchfall gequält wurden. Schließlich und endlich wurde ich in den Untersuchungsraum hineingeführt. Da saß kein Doktor, wie ich es erwartet hatte. Dort war nur ein medizinischer Assistent. Aber wenigstens verbreitete er eine Art von Vertrauen um sich, das mir es leicht machte, ihm etwas zuzutrauen. Und er wußte wirklich was er tat. Er hatte weder Thermometer

noch Stethoskop, er nahm auch kein Blut zur Untersu-
chung ab, aber schnell bestätigte er die frühere Diagno-
se: »Du hast Malaria. Zwölf Malaraquin-Tabletten können dich innerhalb von drei oder vier Tagen heilen.« Er
hätte noch hinzufügen sollen: »Wenn du Glück genug
hast, einige zu bekommen!«

Wir stellten uns in die Reihe der Wartenden vor der
Apotheke, wo die Medikamente ausgegeben wurden.
Diesmal mußte Kampi sich anstellen. Ich war zu
schwach, um noch irgendwie stehen zu können.

Dann kam der schwerste Schlag! Während gerade
noch zwei Patienten vor uns standen, erklärte jemand,
daß Malariapatienten aus der Schlange heraustreten
sollten, denn es gab keine Malaraquin-Tabletten mehr.
Das klang in meinen Ohren wie ein Todesurteil. Als
Kampi näherkam, konnte ich in ihren Augen die Angst
sehen. Das tröstende Lächeln war aus ihrem Gesicht
verschwunden. Sie kniete neben mir und legte ihre Hand

auf meine Stirn, um in dieser mir jetzt vertrauten Art, meine Temperatur zu messen. Ich konnte in ihren dunklen Augen die Besorgnis lesen. Es schien, als ob sie ihre Tränen nur mit Mühe zurückhalten konnte. Schließlich sagte sie sehr offen: »Meine liebe Sabine, das geschieht öfter. Meine beiden jüngeren Schwestern starben, weil sie keine Medikamente bekommen konnten. Damals waren es die Masern, hab keine Angst, wir versuchen es noch einmal mit den Kräutern. Vielleicht geht auch mein Vater zu dem großen Krankenhaus, das 30 km von uns entfernt ist.«

Dann war ein herzzerbrechendes Weinen in unserer Nähe zu hören. »Eine Mutter hat ihr kleines Kind verloren«, erklärte Kampi. Ich konnte meine Tränen nicht zurückhalten. Das waren keine Tränen des Selbstmitleids, sondern Tränen aus Trauer über so manches kleine Menschenkind, dessen Leben hätte gerettet werden können, wenn es nur genügend Medikamente gäbe. Jede Träne schien jedoch den Rest meiner Kraft fortzunehmen, bis es mir schwarz vor den Augen wurde. Ich flüsterte ein letztes Lebewohl für Kampi, deren Augen sich mit Tränen füllten. Dann war alles vorbei.

Ich schreckte auf durch das Klingeln meines Weckers. Als ich meine Augen öffnete, war ich sehr erleichtert, als ich merkte, daß ich noch lebte. Ich war wieder zu Hause in Deutschland in meinem großen eigenen Zimmer. Leider aber ist mein Traum Wirklichkeit für Millionen von Menschen, die nicht in einem solchen schönen Zimmer aufwachen und leben können wie ich.

Wamwenderaki – ein Waisenkind aus Uganda

In meiner Kindheit habe ich lange geglaubt, daß mein Schicksal lange vor meiner Geburt beschlossen war. Ich war das älteste Kind meiner Eltern, was im allgemeinen als ein gutes Zeichen unter unserem Volk angesehen wurde. Dafür hätte ich eigentlich einen entsprechend guten Namen wie »Mirembe« (= Frieden) bekommen sollen. Im Gegensatz dazu hat mich meine Mutter »Wamwenderaki« (= warum hast du ihn geliebt?) genannt. Damit wollte sie ihr Bedauern darüber ausdrükken, daß sie dem Drängen meines Vaters nachgegeben hatte, ihn zu heiraten.

Mein Vater war ein sehr armer Mann, dessen Armut noch täglich durch seine Trinkerei verschlimmert wurde. Er konnte schließlich nicht mehr arbeiten. Um jedoch seinem teuren Vergnügen nachzugehen, begann er von unserem wenigen Besitz, auch von unserem Land, ein Stück nach dem anderen zu verkaufen. Es tut mir leid, das sagen zu müssen, aber ich kann mich kaum daran erinnern, ihn einmal nüchtern erlebt zu haben! Während wir Kinder in unserer Nachbarschaft von Haus zu Haus gingen und um Seife, Salz oder Petroleum bettelten, ging Vater betrunken durch das Dorf und hielt große Reden über seine reichen Verwandten. Sein einziger bekannter Verwandter jedoch war ein früherer Häuptling in der Gegend, und die einzige Verbindung zwischen ihnen bestand darin, daß sie eben zur gleichen Großfamilie gehörten. Glücklicherweise, oder vielleicht unglücklicherweise für mich, war meine Mutter die letzte Person, die sich durch seine vornehme Herkunft beeindrucken ließ. Tatsächlich war es das Ergebnis einer Einladung zu einem besonderen Fest im Haus des Häuptlings, zu welcher mein Vater meine Mutter mitnahm, daß er schließlich meine Mutter so weit brachte, ihn zu heiraten. Der Häuptling wurde bald nach ihrer Hochzeit versetzt. Er hätte vielleicht niemals erfahren, was aus dieser unglücklichen Verbindung wurde, wäre der Lauf der Dinge ein anderer gewesen.

Ich wurde geboren in einer Zeit, in der die Tage, Wochen und Monate noch nicht registriert wurden, aber ich kann mich noch sehr lebhaft an die letzten Tage meiner Mutter erinnern. Sie war im allgemeinen niemals eine glückliche Frau gewesen, jedoch in ihren letzten Tagen erschien sie mir sogar noch trauriger. Wenigstens habe ich nichts von Freude in ihr festgestellt, wie sie andere Frauen im Dorf zeigten, wenn sie ein Baby erwarteten. Eines Tages legte sie sich nach dem Mittagessen auf eine Matte vor dem Eingang unserer Hütte nieder, wo sie sich von Zeit zu Zeit in Schmerzen wand. Ich ahnte, daß sie sehr krank war, aber ich fühlte mich hilflos. Darum ging ich schließlich meiner Wege, um zu spielen. Plötzlich rief sie in ihrer Not meinen Namen. Ihre Stimme war voller Angst. Darum hörte ich sofort mit meinem Spiel auf und lief zu ihr. Besorgt kniete ich neben ihr nieder. »Geh, mein Kind, geh und ruf Mataama«, sagte sie zwischen ihren Seufzern.

Ich rannte schnell den Weg zum Haus unseres Nachbarn. Abgesehen von einer Gruppe Hühnern, die sich vor der halboffenen Küche um einige gekochte Maiskolben stritten, war dort kein Lebenszeichen zu entdecken. Ich schaffte es, einige der Hühner zu verscheuchen, um einen Maiskolben für mich zu ergattern. Dann ging ich langsam nach Hause, während ich die letzten Maiskörner zufrieden verspeiste. Als der letzte Bissen im Munde seine Süßigkeit verlor, weil es nichts mehr zu essen gab, erinnerte ich mich plötzlich an meinen wichtigen Auftrag. Anstatt jedoch nach Hause zu laufen, fand ich mich auf dem Weg zurück und lief durch die Bananengärten auf der Suche nach Mataama. Ich rannte hin und her und kreuz und quer, aber alles umsonst. Als ich den letzten Fußweg auf ihrem Grundstück im Garten betrat, sah ich eine Frau, die einen Krug mit Wasser trug. Sie hatte wohl mein lautes Rufen gehört, denn sie hielt plötzlich an und sagte: »Ich habe Mataama zuletzt in der Reihe der Frauen am Brunnen gesehen.«

Der Brunnen war ein gutes Stück entfernt, und ich lief den ganzen Weg entlang. Schließlich traf ich sie am Ende einer langen Reihe von Frauen, die vom Brunnen zurückkehrten. Zunächst grüßte ich respektvoll alle Frauen, bis ich endlich zu Mataama kam. Zuerst erklärte ich ihr mit scheuen Worten die Sache mit dem genaschten Mais, ehe ich ziemlich atemlos fortfuhr: »Und meine Mutter hat gesagt, du sollst gleich zu ihr kommen, sie ist . . . sie sieht sehr krank aus!«

Mataama beeilte sich, und ich lief dicht hinter ihr her. Sie verweilte nur kurz in ihrem Hause, um den Wasserkrug abzusetzen. Dabei sprach sie einige böse Worte über die Hühner, die ihr das Abendessen verdorben hatten. Dann eilten wir beide zu meiner Mutter. Die Dunkelheit brach bereits herein. Daran merkte ich, daß ich doch eine ganze Weile fortgewesen sein mußte. Jedoch hoffte ich im stillen, daß meine Mutter mich verstehen würde. Es gab schließlich keine anderen Kinder in Mataamas Hause, mit denen ich hätte spielen können.

Plötzlich überfiel mich die Traurigkeit, als ich an die frohen Spiele dachte, die wir mit Kubunaku und Wansa gespielt hatten. So hießen Mataamas Töchter, die an einer Epidemie gestorben waren. Dieses traurige Ereignis war noch gar nicht so lange her; zu der Zeit war meine Mutter noch schlank gewesen. Im Dämmerlicht erkannte ich die Umrisse der kleinen Gräber im Bananengarten. Sofort schüttelte mich die Furcht. Darum rannte ich schneller, um mit Mataama Schritt zu halten. Wir fanden meine Mutter auf dem gleichen Platz liegend, auf dem ich sie verlassen hatte. Aber nun lag da zu ihren Füßen ein neugeborenes Baby, das in Schmerzen schrie. Aufgeregt traten wir näher. Da öffnete sie ihre Augen mit großer Anstrengung und zwischen Schmerzensseufzern flüsterte sie: »Mataama, meine Kinder!« Irgendwie konnte ich nichts weiter fragen. Die Tränen, die über Mataamas Gesicht liefen, während sie das Baby einwickelte, lehrten mich die bittere Wahrheit. Ich hatte eine Schwester bekommen, aber meine Mutter verloren. Aber auch das Baby mußten wir einen Tag nach meiner Mutter begraben.

Nachdem die letzten der Trauergäste uns verlassen hatten, nahm mein Vater wieder sein altes Leben auf. Er verließ mich früh, oft schon ehe ich aufwachte, und kam sehr spät in der Nacht zurück. Während des Tages hatte ich nicht das Gefühl, daß ich ihn wirklich vermißte. Ich verbrachte die meiste Zeit unterwegs in der Nachbarschaft. Wie ein heimatloser Hund machte ich meine längsten Pausen nicht dort, wo ich am freundlichsten aufgenommen wurde, sondern wo es das beste Essen gab. Jedoch waren die meisten während der ersten Tage sehr freundlich und mitleidig zu mir. Aber das half alles nichts. Jeden Abend fühlte ich mich sehr verlassen, wenn die letzten Lichtstrahlen durch die Risse unserer Lehmwände drangen und schließlich von der schwarzen Dunkelheit verschluckt wurden. Besonders schlimm waren jene Nächte, in denen Bündel von Blitzen, die von lauten

Donnerschlägen begleitet waren, während des schweren Regens niederfuhren. Dann war jeder Muskel in mir in einem unbewußten Versuch der Selbstverteidigung so angespannt, daß ich nicht mehr schlafen konnte. Normalerweise half mir mein guter Schlaf über die Einsamkeit hinweg. Doch bald entstand durch dieses Gefühl der Angst und Verlassenheit in mir ein tiefes Bewußtsein der Unsicherheit. Dadurch machte ich mehrfach in der Nacht mein Bett naß. Da niemand sich darum kümmerte, ob meine Decken am anderen Morgen in der Sonne trockneten, war mein Bett am Abend noch genau so naß wie vorher. Auf diese Weise setzte sich der Teufelskreis fort.

Ich glaube, daß ich in jener Zeit nur schlafen konnte, weil ich innerlich resigniert hatte, und nicht nur, weil ich so erschöpft war. Noch schlimmer war es für mich, daß die Nachbarn mich in Folge meines unappetitlichen Geruchs nicht mehr aufnehmen wollten. Ich bekam meistens von ihnen noch irgend etwas zu essen, aber man erlaubte mir nicht, an ihrem Tisch Platz zu nehmen. Wie ein Ausgestoßener erhielt ich meinen Teil in einem gebührenden Abstand von den anderen. Die Weigerung der anderen Kinder, mich in ihrer Mitte beim Spielen aufzunehmen, war jedoch das allerschlimmste. Deswegen blieb ich meistens zu Hause; meine Kleider verwandelten sich in Lumpen. Ich war oft sehr hungrig. Oft aß ich irgendeine Frucht oder das rohe Stück einer Wurzel, die ich gerade fand. Von Zeit zu Zeit brachte einer der Nachbarn aus Mitleid etwas von seinen Essensresten, vielleicht um den Geist meiner verstorbenen Mutter zu besänftigen. In meinem kindlichen Gemüt schien es, als ob diese schwere Zeit sehr lange dauerte. Ich hatte mich fast an diesen Gleichklang meines Lebens gewöhnt. So hatte ich keine Ahnung von dem dramatischen Geschehen, das das Leben meines Vaters beendete.

In jener Nacht kam Vater ungewöhnlich früh zurück. Ich hatte gerade die Lampe ausgepustet, als ich ihn die Tür öffnen hörte. Dann rief er meinen Namen und murmelte etwas davon, daß Soldaten im Dorf wären. Da ich annahm, er sei betrunken, kümmerte ich mich nicht viel um seine Worte. Fast wäre ich eingeschlafen. Doch in diesem Moment schlug jemand an die Tür, so daß sie in ihren Gummibändern nach innen aufsprang. Zwei Männer traten in die dunkle Hütte, deren Umrisse ich nur schattenhaft im Dunkeln wahrnahm. Sie fingen an zu schreien: »Geld her!« Dann griffen sie meinen Vater und gingen mit ihm um wie ein Raubtier mit seiner Beute. Einer hielt seine beiden Hände hinter dem Rücken fest, während der andere etwas auf ihn hielt, das mir wie ein dicker Stock erschien. Dann schubsten sie ihn vor sich her durch die Hütte, wobei sie ihn mit ihren schweren Stiefeln traten. Von Zeit zu Zeit hörte ich die winselnde Stimme meines Vaters, wie er unter Schmerzen bat: »Habt Gnade mit mir, meine Herren, ich hab kein Geld, ich bin nur ein armer Mann!«

Aber das rief nur ein böses Lachen bei seinen Peinigern hervor, die kein Geheimnis daraus machten, wie sehr ihnen diese Sache gefiel. Plötzlich, auf dem Höhepunkt ihres Treibens, zerriß ein betäubender Schlag die Stille im Dorf. Es war ein Gewehrschuß, wie man mir später erklärte. Zur gleichen Zeit ließen die Männer plötzlich von meinem Vater ab. Er sank auf dem Boden zusammen und rang dabei nach Atem. Seine Mörder gingen. Ich hörte wie sich ihre schweren Tritte entfernten. Vor Schrecken war ich wie gelähmt, so daß ich nicht einmal in der Lage war, um Hilfe zu rufen. Noch heute, Jahre danach, packte mich immer eine kalte Angst, die über meinen ganzen Körper kroch, wenn ich versuchte die Ereignisse jener Nacht in mein Gedächtnis zurückzurufen.

Die Nachbarn, die am Morgen herbeikamen, fanden mich im tiefen Schlaf in der Blutlache an der Seite meines Vaters. Darum hielt man uns zuerst beide für tot. Nachdem ich die ganze Nacht geweint hatte, hatte mich wohl in der Morgendämmerung der Schlaf übermannt.

Ich erzählte meine Geschichte, so gut ich konnte, und erfuhr, daß die Männer in der Nacht Soldaten gewesen waren. Sie hatten angeblich Aufrührer gesucht, in Wirklichkeit jedoch für sich Geld von den Leuten erpreßt. Wer nicht mit Bargeld zahlte, wurde ermordet.

Zwei Tage nach der Beerdigung erschien der Häuptling, mein zukünftiger Pflegevater. Mein Vater hatte das letzte bißchen seines Besitzes einschließlich meiner Person diesem Mann hinterlassen. In Wirklichkeit war ich wohl der einzige Wertgegenstand für ihn, nachdem all die anderen Schulden meines Vaters bezahlt worden waren. Ich zweifle, ob der Erbe mit so etwas wie mit mir gerechnet hatte. Der Häuptling war ein angesehener Mann. Er hatte ein freundliches Wesen und war nicht stolz auf seinen hohen Stand. Er begrüßte mich in einer Weise, die Zutrauen in mir weckte. Irgendwie fühlte ich mich von ihm angenommen. An diesem Tag wurden die letzten Zeremonien nach der Beerdigung vorgenommen. Am anderen Morgen verließen wir das Haus. Ich mußte nicht in Lumpen gehen, denn mein neuer Vater hatte es fertiggebracht, mir ein einfaches Kleid für die Reise zu beschaffen. Es war in meinem Leben das erste neue Kleid. Wenn ich jetzt zurückdenke, kann ich nicht mit Sicherheit behaupten, daß es neu gewesen war. Irgendwie hing es ziemlich lose an meinem Körper herunter, aber ich fühlte mich sehr schön darin. Wenn der Anfang dieses neuen Lebens für mich ein Zeichen für die Zukunft war, dann hatte ich Grund, mit dem Weinen aufzuhören.

Zwei Tage darauf fand ich mich jedoch in einem völlig fremden Haus wieder, weit von meinem neuen Vater entfernt. Er hatte mehrere Frauen. Offenbar war es ihm nicht gelungen, eine seiner vielen Frauen zu bewegen, mich in die Schar ihrer eigenen Kinder einzureihen. Darum wandte er sich an seine einzige Schwester, meine zukünftige Tante, eine sehr resolute Frau. Ihr Wesen war von Genauigkeit und Entschlossenheit bestimmt, wie bei vielen Frauen ihres Alters. Auf ihrem Gesicht konnte ich meistens ein Lächeln beobachten. Sie gab sich alle Mühe, freundlich zu erscheinen. Dennoch fehlte da etwas von der Wärme und dem einnehmenden Wesen ihres Bruders. Sie rief in mir sofort eine Mischung von Furcht und Respekt hervor, die meine tief eingewurzelte Unsicherheit zum Vorschein brachte. »Häuptling«, sagte sie mit Bestimmtheit, »ich werde deine Tochter säubern und aufpolieren, so daß du zufrieden sein wirst.« Nach einer lebhaften und ziemlich langen Unterhaltung zwischen den beiden, der ich nicht richtig folgen konnte, verließ ihr Bruder das Haus.

So begann mein neues Leben in einem neuen Zuhause. Alle Dinge um mich herum erschienen mir sehr sauber und ordentlich. Es ist aber auch möglich, daß meine eigenen Eindrücke etwas übertrieben waren. Bisher hatte ich ja noch nie etwas dergleichen erlebt. Wie oft hatte ich mir gewünscht, zu solch einem Zuhause zu gehören. Wenn nur meine Mutter anstelle dieser unbekannten Tante dagewesen wäre!

Dann erschienen die Kinder der Tante plötzlich vom Brunnen. Sie halfen mir aus meinen Gedanken heraus. Es waren vier Mädchen, älter als ich, und ein kleines

Mädchen, das Nesthäkchen. Dann gab es da einen Jungen, der etwa in meinem Alter oder etwas darunter war. Ich habe in meinem Leben tatsächlich nie meinen Geburtstag erfahren, darum konnte ich nur in etwa mein Alter schätzen, wenn ich mich mit Kindern meiner Größe verglich. Da ich jedoch außergewöhnlich klein und dünn war, blieb es immer eine grobe Schätzung. Alle Kinder grüßten mich pflichtgemäß, die Jüngste ziemlich neugierig. Danach aber zeigten sie kein besonderes Interesse an mir.

Die Tante unternahm sofort Schritte, um mich in die Hausarbeit einzubeziehen. Sie erkannte jedoch bald, daß es viel schlimmer um mich stand, als sie gedacht hatte. Die Jahre, die ich ohne meine Mutter lebte und darüber hinaus ohne irgendeine Art von Anleitung oder Ordnung zugebracht, hatten ihre Wirkung in meinem Leben hinterlassen. Sie mußte hart daran schlucken, daß ich in meinem Alter noch das Bett näßte. Allerdings hatte ihr Bruder sie schon vorgewarnt. Auch konnte sie mir nur schwer vergeben, daß ich mich nicht darum kümmerte, meine Matte an der Sonne zu trocknen oder mich selbst zu waschen. Nach ihren eigenen Worten waren dies Zeichen meiner zurückgebliebenen Entwicklung. Zum Teil rührte ihre Enttäuschung daher, daß sie gehofft hatte, in mir eine Hausgehilfin zu finden. Stattdessen wurde ich eine zusätzliche Belastung für sie. Ich kannte noch nicht einmal das ABC der Hausarbeit. Außerdem war ich so langsam, daß es fast sinnlos war, mir irgendeine Aufgabe anzuvertrauen. Im Gegensatz dazu schaffte das kleine Mädchen, mit der ich immer verglichen wurde, alle seine Aufgaben mit Leichtigkeit. Während des ersten Jahres in diesem Hause wünschte ich oft, ich wäre wieder in meinem alten, einsamen Elternhaus, um dem Feuer der Disziplin zu entgehen, durch das ich nun bei meiner »Tante« hindurch mußte.

Am schlimmsten empfand ich, daß die anderen Kinder kein normales Verhältnis zu mir fanden. Manchmal gebrauchten sie mich, um mir irgendeine unbequeme Arbeit zu überlassen. Ansonsten war ich ein notwendiges Anhängsel. Besonders meine Neugier über ihre Schularbeiten regte sie auf. Andererseits spielten sie mit anderen Kindern im Dorf, die ebenso wie ich nicht zur Schule gingen. Ich kann ihnen jedoch deswegen nicht böse sein. Mein eigener Charakter war im Grunde daran schuld. Die einsame Zeit vor dem Tod meines Vaters, die ich fast ohne jeden engen menschlichen Kontakt verbrachte, hatte mich unfähig gemacht, mit anderen Kindern in Harmonie zu leben. Ich war nicht nur empfindlich geworden, sondern auch sehr fordernd. Wenn ich enttäuscht war, wurde ich sogar aggressiv. Dieselbe Aggression schlug oft in bittere Vorwürfe um. Ich hielt den anderen Mädchen vor, daß sie viele Vorrechte hatten, vor allem, daß sie zur Schule gehen konnten.

Der traurigste Tag kam, als die jüngste Tochter meiner Tante auch zur Schule gehen durfte und mich alleine zu Hause ließ. Um meinen inneren Schmerz zu besänftigen, flüchtete ich in Phantasien. Ich stellte mir selbst vor, wie ich als Schulmädchen in einem Klassenzimmer saß, um lesen und schreiben zu lernen. Ich konnte fast meine Bücher und die Bleistifte sehen. Natürlich hatte ich ein hübsches Schulkleid an. Meine Gedanken waren zeitweilig so lebendig, daß sie mich manchmal übermannten. Oft ging ich heimlich an den Schrank, um ein Schulkleid der anderen Mädchen anzuziehen, nahm die Bücher, den Bleistift und das Lineal in die Hand und marschierte im Zimmer umher, als ob ich zur Schule ginge. Das geschah mehrere Male, ohne daß man mich erwischte. Eines

Tages entdeckte mich Jane, eines der Mädchen. Ich dachte, sie alle wären auf dem Markt. Bis heute versuche ich noch, den Schrecken auf ihrem Gesicht zu vergessen. Ich glaube, sie hätte auch nicht entsetzter gucken können, wenn ein Aussätziger ihr Kleid angehabt hätte. Sie gab mir einen schlimmen Verweis, der noch durch meine Pflegemutter verstärkt wurde. Danach warnte mich jede andere »Schwester« mit scharfen Worten, ich solle niemals versuchen, ihre Kleider anzuziehen oder mit ihren Büchern zu spielen.

Nach diesem Geschehen besaß ich genügend Angst, einen solchen Versuch nicht noch einmal zu wagen, obwohl die Versuchung groß war. Meine Phantasien jedoch fanden einen anderen Ausweg. Ich wurde fast besessen von dem Gedanken, schreiben zu lernen. Jede Gelegenheit benutzte ich, um Zeichen in den Staub zu kratzen. Der Erfolg war nicht besser, als wenn ein Huhn ähnliche Versuche unternommen hätte. Ich gab die Schuld daran jedoch dem einfachen Stöckchen, mit dem ich im Staub schrieb. Darum fing ich an, alte Papierfetzen zu sammeln, die mir in die Hände kamen. Damit wollte ich meine Schulstunden halten. Ich kriegte es auch irgendwie hin, den kleinen Rest eines Bleistiftes zu finden. Auf diese Weise war ich gut ausgerüstet, machte aber immer noch keine Fortschritte, bis ich auf den Gedanken kam, Georgs Bücher zu benutzen. Georg war der Junge, der etwa so alt war wie ich. Er war auch im allgemeinen freundlicher zu mir als die Mädchen. Unsere Freundschaft wuchs offenbar aus der Tatsache heraus, daß wir die gleichen Feinde hatten, mit anderen Worten seine Schwestern und bis zu einem gewissen Grade auch seine Mutter. Immer wenn er einen Konflikt mit den Mädchen oder mit der Mutter hatte, was nicht selten geschah, ging ich zu ihm und tröstete ihn. Darum hoffte ich, selbst wenn er es entdeckte, was ich tat, würde er mir nicht so böse sein. Ich fing an, Buchstaben und Zahlen zu schreiben, ohne ihre Bedeutung zu verstehen, und ich wollte nicht aufgeben. Ich war mir fast sicher, daß mich eines Tages mein Pflegevater in die Schule schicken würde, wenn ich Erfolg hätte. Jedoch ging meine Freiheit mit Georgs Büchern bald zu Ende, als es um seine Schreibhefte ging. Wenn ich Papier brauchte, riß ich jedesmal sehr sorgfältig ein Blatt aus einem seiner Hefte heraus.

Das ging eine Weile ganz gut, bis zu dem Tage, als ich Georgs Hausarbeit mit aus dem Heft herausriß. Ich war gerade am Brunnen, als der Aufruhr im Hause losging. Bei meiner Rückkehr war der Streit noch im vollen Gange. Die einzige, die in Verdacht geriet, war ich. Alle begannen, meine Sachen zu durchsuchen, besonders die Matte, die mir als Bett diente. Darunter lag der ganze Stapel des Papiers. Nachdem ich alle bohrenden Fragen beantwortet hatte, warum und wie ich so etwas gemacht hätte, erhielt ich erneut eine strikte Warnung. Das Gelächter und der Spott der anderen, den ich in den letzten Tagen wegen meiner seltsamen Schriftzeichen erdulden mußte, war so schmerzlich, daß ich mich in der nächsten Zeit selbst in den Schlaf weinte und über mein Schicksal resignierte.

Einige Tage später geschah jedoch etwas Unerwartetes. In einer seiner unvorhersehbaren Stimmungen versprach Georg, mir heimlich das Lesen beizubringen. Er blieb seinem Versprechen in den darauffolgenden Monaten treu. Das war keinesfalls eine einfache Sache für ihn. Seine Lektionen begrenzten sich auf solche Tage, an denen eine Unterbrechung der alltäglichen Pflichten möglich war, und das war nicht oft der Fall. Darum konnten wir nur sehr langsame Fortschritte machen. Das

44

gefiel mir überhaupt nicht. Unsere Lektionen ließen viel zu wünschen übrig. Ich lernte eifrig und Georg war kein schlechter Lehrer. Heute weiß ich, daß mehr nötig ist als bloßes Wissen, um über Nacht aus einem Schüler einen Lehrer zu machen. Ihm fehlte nicht nur die Methode, sondern auch die Erfahrung zum Lehren. Von Zeit zu Zeit schwor er, sich nicht mehr um mich zu kümmern. Ich lief ihm hinterher. Oft war ich den Tränen nahe. Glücklicherweise war er immer weichherzig genug, um auf meine Bitten einzugehen. Bald freuten wir uns beide, als ich endlich die Grundlagen des Lesens begriffen hatte. Andere Kinder, die die Schule besuchen durften, hätten mein Lesen eher interessant als verständlich gefunden. Für mich war es jedoch ein großer Durchbruch, ja noch mehr, es war der Schlüssel zur unbekannten Welt. Mein »Lehrer« machte in seinem Bestreben, mit etwas anzugeben, bald unser Geheimnis vor seiner Mutter und den Schwestern bekannt. Meine Tante, die ebensowenig wie ich vorher lesen und schreiben konnte, zeigte eine große Hochachtung für meine Ausbildung. Sie war sehr stolz, daß nun alle ihre Kinder zur Schule gehen konnten, und daß ihr Sohn einem so dummen Mädchen, wie mir, das Lesen beigebracht hatte, ließ ihren Hochmut noch steigen.

Nicht lange danach besuchte uns mein Pflegevater, der Häuptling. Er tat dies von Zeit zu Zeit. Nach unserer Buganda-Sitte erfolgte eine herzliche, aber ziemlich langwierige Begrüßung. Schließlich drehte sich das Gespräch um mich. In ziemlich abfälliger Weise erzählte ihm meine Tante von meinen Bemühungen, lesen zu lernen. Dabei ging es ihr vor allem darum, zu betonen, daß ich damit eigentlich der Hausarbeit entkommen wollte. Ich hatte Mühe, meine Tränen und Enttäuschung zurückzuhalten. Es half nichts, ich fühlte mich tief durch ihren absichtlichen Versuch verletzt, das zu verderben, was für mich zu den aufregendsten Momenten im Leben gehörte: den Besuch meines Pflegevaters. Ich hatte irgendwie begriffen und das mit tiefer Leidenschaft, daß dieser Häuptling wie ein Vater zu mir war. Wie weit er ähnliche Gefühle mir gegenüber hatte, wagte ich nicht zu ermessen. Es war mir ziemlich klar, daß ich ja nur ein ererbtes Kind in der Mitte seiner vielen eigenen Kinder war. Aber ich konnte trotzdem nicht anders, als ihn lieb zu haben. In mir war ein tiefes Bedürfnis, zu lieben und geliebt zu werden. Von Zeit zu Zeit schwärmte ich, er sei mein richtiger Vater. Das half mir aber über die schmerzhaften, unvermeidlichen Erinnerungen an meinen wirklichen Vater nicht hinweg. Wenn er uns besuchte, bemühte ich mich sehr, würdig aufzutreten. Dadurch hoffte ich, bei ihm Aufmerksamkeit zu erregen. Neben meinem persönlichen Ehrgeiz war das mein zweites Motiv gewesen, um alle Anstrengungen des Lernens auf mich zu nehmen. Darum empfand ich jedes Wort meiner Tante wie einen häßlichen Farbklecks auf einem wunderschönen Bild, das ich mit großer Mühe vollendet hatte.

»Wamwenderaki!« sprach er mich plötzlich an, nachdem seine Schwester die lange Rede beendet hatte. Seine Stimme klang überraschend freundlich. Weil ich einen Verweis erwartet hatte, war ich sehr erstaunt. »Du weißt sehr gut, daß deine Tante und ich dich gerne zur Schule geschickt hätten, wenn wir nur das Geld dafür hätten.« Er hielt inne und blickte auf seine Schwester, als wenn er von ihr eine Zustimmung erwartete. Dann wandte er sich wieder mir zu und fuhr fort: »Aber weil du so ein großes Verlangen zur Schule hast, werde ich selbst deine Unterrichtskosten übernehmen, um dich in den nächsten Taufkurs zu schicken, denn du weißt ja, <u>daß evangelische</u>

Christen nur getauft werden, wenn sie lesen können.«
Einen Moment lang dachte ich, es ist nur ein Traum und
ich müßte gleich wieder in die rauhe Wirklichkeit zurück-
kehren. Dennoch genügte ein Blick in das Gesicht meiner Tante, um mich zu überzeugen, daß ich tatsächlich
richtig gehört hatte. Sie konnte ihre Enttäuschung nicht
verheimlichen. Ich kniete, wie das in Buganda Sitte ist,
demütig vor meinem Vormund nieder. Es gelang mir,
meinen Dank herauszustammeln, während die Tränen
der Dankbarkeit über mein Gesicht liefen. Das war das
erste Mal in meinem ganzen Leben, daß jemand mir
einen großen unausgesprochenen Wunsch erfüllt hatte.
Viele meiner Wünsche blieben für immer unausgespro-
chen.

Sobald die anderen Kinder gegen Abend aus der
Schule zurückkehrten, suchte ich eine Gelegenheit, um
mit Georg allein zu sein. Dann platzte ich mit der
Neuigkeit heraus, daß ich zur evangelischen Leseklasse
gehen durfte. Er reagierte ziemlich reserviert, ja fast
enttäuscht. Dabei war er der einzige gewesen, von dem
ich hoffen konnte, er würde meine Freude teilen! Georg
sagte schließlich: »Ich hatte gehofft, sie würden dich in
eine richtige Schule schicken!« Dann machte er eine
kleine Pause, ehe er humorvoll dazufügte: »Eins ist
sicher: für eine Weile wirst du den Aufgaben meiner
Mutter entkommen sein!« Das tröstete mich. Ich wollte
schon weggehen, da fragte er plötzlich: »Wamwenderaki, haben sie schon einen Namen für dich ausgewählt?« –
»Nein«, antwortete ich. »Warte nicht auf diese altmodischen Leute, bis sie einen Namen für dich ausgesucht
haben. Wenn es soweit ist, werde ich einen sehr schönen
Namen für dich finden, von dem nie jemand in diesem
Dorf je gehört hat«, versicherte er mir. Damit hatte er
mich überrascht. Ich versprach ihm hoch und heilig, auf

seinen Vorschlag einzugehen, um unsere Freundschaft nur um so mehr zu festigen.

Jene Nacht und noch viele folgende Nächte, während ich auf meinem Bett lag, bewegte mich in den einsamen Augenblicken vor dem Einschlafen die Frage, wie wohl meine Taufe stattfinden würde. Ich hatte ja noch nie einen Taufgottesdienst besucht, weil meine Kirchenbesuche sich allein auf Weihnachten beschränkten. Durch Georgs Erzählungen hatte ich allerdings gewisse Vorstellungen über eine Taufe gewonnen. Die wichtigste Sache für mich war, daß ich einen christlichen Namen bekomme. Wamwenderaki, dieser Name, der zugleich ein Zeichen meiner Leiden war, würde, so hoffte ich, endgültig vergessen sein. Ich hatte keine Vorstellungen über meinen Wunschnamen. Die wenigen Rufnamen, die mir gefielen, gehörten schon den Mädchen in unserem Hause. Wie sehr wünschte ich mir, Sara, Jane oder sogar Betty genannt zu werden. Doch ich wußte, daß meine Tante niemals zugelassen hätte, den gleichen Namen wie eine ihrer Töchter zu bekommen. Andererseits hatte Georg sicher recht mit seiner Vermutung, sie würde irgendeinen ungewöhnlichen altmodischen Namen für mich aussuchen, wenn man ihr die Sache überlassen würde. Darum war ich um so mehr dankbar, daß Georg mich von dieser schwierigen Aufgabe rechtzeitig entlastet hatte. Sicher würde er einen passenden Namen für mich finden. Obwohl Georg nur einige Zentimeter größer war als ich, schien er ein so kluger Mensch zu sein und das alles nur, weil er zur Schule ging, so dachte ich jedenfalls. Darum hoffte ich, ich könnte noch besser lesen und schreiben lernen. Und ich würde ich die Dinge noch besser begreifen und durch Bücher mich auch weiter fortbilden.

Viele Monate lang mußte ich jetzt fünfmal in der

Woche zehn Kilometer zur evangelischen Kirche laufen. Das machte mir jedoch überhaupt nichts aus. Tatsächlich war ich eines der glücklichsten Mädchen, als ich jene fünf Kilometer mit den anderen Jungen und Mädchen zurücklegte, die zur normalen Schule gingen. Ich besaß keine Schuluniform oder Bücher, aber entscheidend war, daß ich zum Unterricht ging. Von Zeit zu Zeit überfiel mich der vergebliche Wunsch, mit den anderen zur allgemeinen Schule, anstatt den Weg zum kirchlichen Unterricht zu gehen. Aber das war nichts im Vergleich mit der Niedergeschlagenheit der vergangenen Zeit, als ich allein zu Hause bleiben mußte. Der Unterricht fand in einem alten, kirchlichen Gebäude statt, das mit Wellblech gedeckt war. Am ersten Tag wurden wir in zwei Gruppen aufgeteilt. Alle Kinder, die bereits Grundschulunterricht mitgemacht hatten, wurden in einer Gruppe zusammengefaßt. Sie mußten nur zwei Nachmittage in der Woche kommen. Unsere Gruppe dagegen war dem Alter nach überhaupt nicht einheitlich. Es gab Kinder meines Alters oder darunter, aber auch Jugendliche, Männer und Frauen der verschiedenen Altersgruppen. Dennoch hatten wir alle ein gemeinsames Ziel, nämlich unsere Unwissenheit zu überwinden und getauft zu werden.

Unser Stundenplan umfaßte drei Hauptfächer: Lesen, Bibelkunde und Arbeit für die Kirche, welche sich meistens in dieser Reihenfolge wiederholten. Unsere erste Aufgabe beim Lesen war, das Lied über das Alphabet zu lernen. Das machte mir Spaß! Irgendwie kamen unsere Stimmen zusammen und glichen einer wunderschönen Melodie. Allerdings klang es für manche Leute nicht sehr harmonisch, als wir die Wörter sangen. Tatsächlich konnten bis zum Ende unseres Lese-Kurses einige Leute nur das Alphabet singen! Was mich betraf, ich machte dank Georgs Vorarbeit sehr schnelle Fortschritte und war eine der ersten, die in der Bibel lesen konnte. Dennoch war ich enttäuscht, daß wir keinen Schreibunterricht hatten. Es fiel mir wirklich schwer, meinen unwiderstehlichen Wunsch zu unterdrücken. Wie gern wäre ich in eine Grundschule gegangen.

Im Bibelkunde-Unterricht erzählte uns der Katechist normalerweise eine Geschichte aus der Bibel oder er las sie uns vor. Danach versuchte er zu erklären, was diese Geschichte für unser Leben zu bedeuten hat. Alle diese Geschichten waren für mich neu, und darum fand ich die meisten sehr interessant. Die Erklärungen fielen unglücklicherweise oft recht langatmig aus, so daß ich mittendrin oft den Faden verlor. Die Konzentration war für mich während des ganzen Unterrichts die schwerste Aufgabe. Zu sitzen und jemandem zuzuhören, der immer weitererzählte, mußte ich erst lernen. Ich glaube heute, daß ich dadurch die Erklärungen über die Bedeutung der Taufe verpaßt habe. Die Frage nach dem neuen Namen war für mich zu wichtig. Die Liturgie im Taufunterricht lernten wir auswendig wie die Papageien. Ich habe kein einziges Wort davon verstanden. Mir kam auch niemals der Gedanke, ich könnte Gott belügen, wenn ich nicht meinte, was ich sagte. In meiner Vorstellung war Gott ein weit entferntes und unklares Wesen. Wenn überhaupt, dann schien mir Gott in unseren früheren Schöpferverehrungen nach unserer Tradition näher zu sein. Diese Verehrungen wurden uns nun jedoch als teuflischer Götzendienst erklärt.

Wie sollte ich aber das verstehen, daß fast bei jedem zweiten Haus unseres Dorfes trotzdem ein besonderes kleines Häuschen auf dem Grundstück stand, worin die Geister angebetet wurden. Und die meisten dieser Leute waren doch getauft. Leider gab es im Unterricht wenig

Zeit für Fragen. Ich glaube auch nicht, daß ich den Mut gefunden hätte, überhaupt eine solche Frage zu stellen. Irgendwie war es für mich jedoch tröstlich, daß alle diese Zweifel mich nicht aufhalten konnten, durch die Taufe einen neuen Namen zu erhalten.

Den dritten Teil des Unterrichts verbrachten wir mit der sogenannten Arbeit für die Kirche. Diese bestand aus nützlichen Tätigkeiten, die für die Kirche wichtig waren. Wir mußten die Kirche säubern, und auch das Haus des Evangelisten oder des Pastors. Auch Gartenarbeiten zählten dazu. Auch andere Leute, die Hilfe in ihrer Erntearbeit brauchten, konnten uns bestellen. Dafür wurde dann Geld in die Kirchenkasse gezahlt. Die Arbeit selbst war nichts Ungewöhnliches für die meisten von uns. Außerdem war es eine Freude, in der Gruppe zu arbeiten. Aber oft waren die Entfernungen zwischen der Kirche und den einzelnen Feldern sehr weit, besonders, wenn man daran dachte, daß wir auch große Entfernungen zu unseren Familien zurückzulegen hatten. Darum war ich oft sehr müde, wenn ich nach Hause kam. Trotzdem mußte ich noch die Aufgaben im Haus erledigen, die meine Tante mir auftrug.

Ungefähr drei Wochen vor unserem Tauftag wurden wir nach unseren ausgewählten Namen gefragt. Außerdem sollten wir innerhalb einer Woche drei Paten nennen. Man riet uns auch, ein weißes Kleid für diesen Tag zu kaufen oder zu leihen. An jenem Abend sprach ich mit Georg über den Namen. Er war so höflich, wie ich ihn noch nie erlebt hatte. Aus seinen Büchern zog er ein Blatt Papier hervor und las mir den Namen vor, den er darauf geschrieben hatte. »Sikolasitika«, hörte ich ihn sagen. Er fuhr dann fort und erklärte, daß dies ein seltener aber schöner Name wäre. Er kannte nur ein einziges Mädchen in seiner Schule, die diesen Namen trug, und jedermann hatte sie gern. Ich lächelte zufrieden. Dann fragte er mich, ob ich einen Namen in englischer Sprache oder lieber einen einheimischen vorzog. »Natürlich möchte ich lieber die englische Aussprache haben«, antwortete ich aufgeregt. Er holte ein anderes Stück Papier hervor, schrieb den Namen darauf und gab ihn mir. Dabei sagte er: »Ich hab ihn selbst so buchstabiert.« Ich dankte ihm und war dabei eigentlich neidisch. Dieser Junge wußte so viel, was ich selber gerne gewußt hätte. Er schien mir meilenweit voraus zu sein. Als ich den Namen auf dem Stück Papier las, war ich ziemlich erstaunt. Er hieß nun nicht mehr Sikolasitika, sondern »Schoolstick« (= Schulstock). Aber dann erinnerte ich mich daran, daß dies die englische Schreibweise war, und obwohl ich den Namen nicht verstand, war ich mir sicher, daß Georg keinen Fehler machen könnte. »Verrate diesen Namen niemand!« riet er mir. »Du weißt, wie neidisch meine Schwestern sein können, wenn sie denken, du könntest einen besseren Namen als sie selbst bekommen. Und meine Mutter würde den Namen sowieso nicht gerne hören, weil sie ihn nicht richtig aussprechen kann.« Um meiner Tante nicht Unrecht zu tun, muß ich bekennen, daß ich selber auch nicht sicher war, wie der Name ausgesprochen wurde. Aber dies wollte ich Georg nicht zugestehen. Er sollte sich nicht über uns lustig machen. Schließlich konnte ich nun ja doch lesen. Darum versprach ich ihm, unser Geheimnis bis zum Schluß zu bewahren.

Die Aufgabe, Pateneltern zu finden, war nicht so einfach zu lösen. Es gab einfach nicht genügend Leute, die alle Bedingungen erfüllten, die von Paten erwartet wurden. Sie mußten getauft, konfirmiert und kirchlich getraut sein. Darum hatten die meisten von uns am Ende die gleichen Pateneltern. Für ihr Zugeständnis mußten wir eine Menge Extraarbeit für sie leisten.

Die Frage nach dem weißen Kleid war einfacher zu lösen, als ich mir das vorgestellt hatte. Betty, die zweitälteste Tochter meiner Tante, lieh mir sehr entgegenkommend ihr Sonntagskleid für diesen Tag. Es endete ein gutes Stück unterhalb meiner Knie, denn sie war viel älter als ich, aber ich war ihr von Herzen dankbar.

Endlich war der große Tag herbeigekommen. Wir saßen auf den letzten drei Bänken in der kleinen Kirche mit dem Taufbecken hinter uns. Die meisten Jungen und Männer fanden irgendwo einfache Stühle oder Schemel, auf denen sie sitzen konnten. Wir Mädchen und einige Frauen saßen auf den Matten oder auf alten Lumpen auf dem staubigen Fußboden. Ich konnte vor lauter Aufregung kaum dem ersten Teil des Gottesdienstes folgen. Es war wie ein wunderschöner Traum, der seinem Höhepunkt entgegenging. Die ganze Zeit fürchtete ich, ich könnte vor dem eigentlichen Ende aufwachen.

Mitten im Gottesdienst wurden wir angewiesen, uns andersherum zu setzen. Dann ging der Pfarrer in Begleitung der Evangelisten die Kirche entlang zu dem Taufbecken, während ein Lied gesungen wurde. Nach dem Lied begann die große feierliche Handlung. Wir sagten die Reihenfolge der Liturgie auf, und nach kurzer Zeit wurden wir nacheinander zur Taufe aufgerufen. Mir schien es, als ob das Besprengen mit Wasser und das Ausrufen des neuen Namens zur gleichen Zeit erfolgte.

Dann kam ich schließlich an die Reihe. Als ich nach vorne trat, schien mein Herz vor Freude zu hüpfen. Der Pfarrer fragte wie gewöhnlich nach dem Namen. »School . . . School . . . Sco . . . Sco . . .«, sagte meine Patin, die Frau des Evangelisten, zögernd. »Schoolstikki«, wiederholte der Evangelist, um sie zu unterstützen und zu meiner Beruhigung. Da hielt der Pfarrer inne. Anstatt mich zu taufen, wie er es mit den anderen getan hatte, legte er eine Pause ein, während ein Gekicher und Gelächter aus der Reihe der Schulkinder zu vernehmen war. Dann fragte der Pfarrer mit leiser Stimme den Evangelisten, welche Art von christlicher Name »Schoolstick« war. Ich hörte den verwirrten Evangelisten einige unklare Erklärungen geben. Damit wollte er sich selbst verteidigen. Ich denke, weil er keine weitere Unruhe hervorrufen wollte, taufte mich daraufhin der Pfarrer. Die Tropfen des Taufwassers vermischten sich glücklicherweise mit den hervorbrechenden Tränen, die bereits meine Wangen herunterliefen. Auf diese Weise verbargen sie wenigstens vorübergehend meine Aufregung vor den anderen Leuten in der Kirche.

Ich kriegte ganz gewiß nichts mehr vom Rest des Gottesdienstes mit. Das Schicksal hatte meinen schönen Traum zerstört, der sonst eine Wirklichkeit meines Lebens geworden wäre. Wie sehr hatte ich gehofft, jedermann zu überraschen. Stattdessen lachte man mich aus. Ich hatte auch lange Zeit gehofft, daß ich nach der Taufe meinen Pflegevater so beeindrucken könnte, daß er mich in eine Grundschule senden würde. Aber nach dieser Geschichte mit meinem verunglückten Namen war mein Schicksal beschlossen. Mein Platz würde für ewig an der Seite meiner Tante sein, die mich in die traditionellen Pflichten der Frauen einweisen würde.

Ich ziehe es vor, den Spott und Hohn nicht zu beschreiben, den ich in den nächsten Tagen zu erdulden hatte. Und welch einen Schmerz empfand ich, als ich endlich die wirkliche Bedeutung des Namens erfuhr, den ich mir ausgewählt hatte: »Schulstock«. Ich möchte nicht noch einmal die Seelenqualen durchleiden und die Bitterkeit, die ich gegen jedermann empfand, ganz besonders gegen

Georg. Die Erfahrung hatte mich nun dahingebracht, daß niemand in dieser Familie vertrauenswürdig war. Durch all das jedoch, was Georg früher für mich getan hatte, indem er mich lesen lehrte, empfanden die anderen alle, daß ich nun undankbar war. Georg brachte seine eigene Auslegung der Geschichte hervor, indem er behauptete, er hätte mir einen anderen Namen vorgeschlagen, und ich hätte auf meinem englischen Namen bestanden. Dadurch war er natürlich fein heraus. Er war bekannt dafür, wie er andere Leute hereinlegte, selbst seinen Vater, aber in diesem Fall zweifelte niemand an seinem Wort. Im stillen fürchtete ich fast, daß ich selber schuld war an der Verwirrung über meinen Namen, weil ich von Anfang an Probleme mit der Aussprache gehabt hatte. Dennoch wollte ich Georg diese Sache nicht vergeben. Ich brauchte einfach irgend jemanden, dem ich die Schuld an dieser Verwirrung geben konnte. Was noch schlimmer war: Ich dachte nur mit Widerwillen an das, was ich über Gott in der Kirche gelernt hatte. Es konnte doch nicht wahr sein, daß er mich lieb hatte, wie es mir so oft gesagt wurde. Der letzte Mensch, an dessen Liebe ich mich erinnern konnte, war meine Mutter gewesen. Ich war ganz gewiß, sie hätte es nie zugelassen, daß mir so etwas zugestoßen wäre. Die Folge davon war, daß ich mir fest vornahm, nie wieder eine Kirche zu betreten.

Etwa drei Wochen nach meiner Taufe erhielten wir an einem Samstag überraschend Besuch. Zwei fremde Damen kamen um die Mittagszeit herein. Sie sahen sehr freundlich aus. Eine war in den mittleren Jahren, die andere schon ziemlich alt. Wir boten ihnen einen Platz am Mittagstisch an, was sie höflich ablehnten. Nachdem das Mittagessen vorbei war, lud die ältere der beiden Besucherinnen uns ein, ihr ein wenig zuzuhören, damit wir »etwas geistliche Nahrung« empfangen könnten. Die anderen folgten dieser Aufforderung. Ich sollte in die Küche gehen, um die Teller abzuwaschen. Da lud mich jedoch die jüngere der beiden Frauen mit freundlichen Worten ein, zu ihr zu kommen. Sie hatte von Anfang an ihre Aufmerksamkeit auf mich gerichtet, in einer Weise wie niemand je zuvor.

Die ältere Besucherin fing dann an zu erzählen. Sie erklärte, daß sie beide durch Gottes Gnade »gerettet« waren und daß sie zusammen mit anderen eine Evangelisation in unserer Gemeinde durchführten. Dann erzählte sie uns die Geschichte ihrer Bekehrung, was sie Zeugnis nannte. Das war im Grunde die Geschichte ihres Lebens, bis zu der Zeit, als sie Gott kennenlernte. Es war eine Geschichte, die auf manche Weise meiner eigenen ähnlich war. Sie war auch ein Waisenkind gewesen und hatte den Schmerz und die Bitterkeit erduldet, keine Heimat zu haben. Das führte sie in eine übereilte Ehe hinein. Sie fing an zu trinken, um ihre Probleme zu vergessen. Tatsächlich wurden die Kneipen ihr eigentliches Zuhause. Als sie wieder an einem Sonntag in der Kneipe saß, hörte sie draußen Leute singen. Um zu sehen, was da vor sich ging, stand sie auf. Sie konnte nicht mehr richtig gehen, weil sie schon so betrunken war. Als sie herauskam, hatte das Singen aufgehört und jemand erzählte. Sie fing an zu schluchzen, als sie den Mann, einen Pastor, hörte. Anstatt die Betrunkene zu verdammen, lud er sie zu Jesus Christus ein. Diese Frau war damals fast eine Ausgestoßene in ihrer Gesellschaft gewesen, weil sie so viel Alkohol trank. Nun hörte sie, daß Jesus der Freund der Ausgestoßenen wäre, der ihnen wieder Selbstachtung schenken könne. Sie hatte immer erwartet, daß irgendein Gott ihr befehlen würde: »Hör auf mit Trinken, und dann kannst du zu mir kommen!« Aber daß

Gott nun sagen sollte: »Komm zu mir, du Trinkerin, gerade so wie du bist, und du wirst Ruhe finden für deine Seele«, das schien ihr doch zu schön, um wahr zu sein.

Als der Pastor am Ende alle die nach vorne rief, die Jesus nachfolgen wollten, rannte sie buchstäblich nach vorne. Andere, die sie kannten, schrieben das dem Alkohol zu. Aber zur großen Überraschung aller war dies der letzte Tag, an dem sie berauschende Getränke zu sich nahm. Um mit ihren eigenen Worten zu sprechen: »Christus stillte meinen Durst nach Bier und gab mir dafür einen unstillbaren Durst, verlorene Seelen für sein Reich zu gewinnen.« Strahlend vor unbeschreiblicher Freude forderte sie uns zum Glauben auf: »Kommt und probiert es selber mit Jesus.« Mir stiegen bereits die Tränen hoch, aber zum ersten Mal in meinem Leben waren es keine Tränen des Selbstmitleids. Ich weinte vor Sehnsucht danach, frei zu werden von meinem verachteten und verbitterten Dasein.

Die jüngere Frau nahm mich beiseite und tröstete mich. Als meine Tränen versiegt waren, sprudelten fast wie von selbst die Worte aus mir heraus. Ich erzählte ihr meine ganze Geschichte, von den Tagen meiner ersten Erinnerung bis zur unglücklichen Taufe und der Bitterkeit danach. Es war eine kostbare Erfahrung, jemanden gefunden zu haben, der so geduldig zuhörte. Als ich fertig war, blickte ich ihr verstohlen ins Gesicht, weil ich befürchtete, sie wäre über all das Gehörte entsetzt. Als unsere Augen sich trafen, lächelte sie freundlich. Damit zerstreute sie alle meine Furcht. Dann brach sie das Schweigen, wobei Trauer in ihrer Stimme hindurchklang: »Es tut mir sehr weh zu erfahren, wieviel Leid du erdulden mußtest.« Aber mit neuer Freude fuhr sie fort: »Aber einer hat immer für dich gesorgt. Er heißt Jesus Christus! Und ich glaube, das ist auch der Grund, weshalb er uns heute hierhergeschickt hat. Wenn du ihm dein Leben anvertraust, wird er dir den Frieden und die Geborgenheit schenken, wonach du so sehr verlangst. Wenn er der Herr deines Lebens ist, wird er dir Liebe ins Herz geben. Dann kannst du auch den Menschen vergeben, die dir das Leben so schwer gemacht haben.«

»Bitte, bete für mich, damit Jesus in mein Leben kommt«, bat ich. Sie betete, und ich wiederholte das Gebet nach ihren Worten. Danach verspürte ich eine solche Erleichterung in meinem Herzen, wie ich sie nie durch mein Weinen erfahren hatte. Die Bitterkeit schien völlig verschwunden zu sein, selbst gegenüber Georg. Statt dessen empfand ich ein starkes Verlangen, in meinem neuen Zuhause gewisse Dinge zu ordnen. Zum ersten Mal wurde mir auch bewußt, welche Vorbehalte ich bisher unwissend gegenüber den anderen Menschen gehegt hatte.

»Wamwenderaki!« Als ich meinen Namen aus ihrem Munde hörte, blickte ich sie genauer an. Dann fuhr sie fort: »Preise den Herrn!« Plötzlich kam ihre Stimme mir seltsam vertraut vor. Irgendwo mußte ich sie vorher schon gehört haben. Eine starke Bewegung erschütterte mein Gemüt. Für einen kurzen Moment glaubte ich, meine Mutter sei zum Leben erweckt worden. Dann schrie ich auf: »Mataama!« Am Blick ihrer Augen hatte ich sie erkannt.

Dann schloß Mataama mich in ihre warmen Arme, während erneut heiße Tränen über unsere Wangen liefen. Nachdem sie mich losgelassen und ihre Fassung wiedergefunden hatte, erzählte sie mir ihre eigene Geschichte, angefangen von der Zeit, als sie kurz nach dem Tod meiner Mutter ihren Mann verlassen hatte, bis zu dem Tag, als sie Frieden in Jesus Christus fand. Sie bekannte mir auch, wie sie seit ihrer Bekehrung Gott um eine Gelegenheit gebeten hatte, damit sie den letzten Willen meiner Mutter erfüllen und sich um mich kümmern könnte. Dann erfuhr ich, daß sie nun als Köchin in einem kirchlichen Heim für Waisenkinder arbeitete, das auch eine Schule hatte. Sie bot mir an, falls meine Pflegeeltern dem zustimmten, das Schulgeld für meine Ausbildung zu zahlen. »Du könntest natürlich auch hier zur Grundschule gehen, falls sie die christliche Schule ablehnen. Aber wir sollten um die Erlaubnis deiner Pflegeeltern zum Besuch unserer Schule beten, damit du eine Gelegenheit erhältst, in deinem jungen Glaubensleben zu wachsen«, schloß Mataama.

Dann erklärte sie meiner Tante, die alles aus der Entfernung beobachtet hatte, unsere frühere Beziehung. Sorgfältig brachte sie auch ihr Verlangen zum Ausdruck, mich, falls meine Tante dem zustimmte, in die Schule zur Ausbildung zu schicken, wo Mataama selber arbeitete. Die Tante machte geltend, daß zunächst alles mit meinem Vormund besprochen werden mußte. Sie verabredeten sich dazu für einen der folgenden Tage.

Dann verabschiedeten sich die beiden Frauen ebenso still, wie sie gekommen waren. Aber eines ließen sie zurück: den Frieden in meinem Herzen. Auch war die Freude in mein Leben eingekehrt. Zu meiner Überraschung war der tiefste Grund meiner Freude nicht die Aussicht, bald die Schule besuchen zu können, sondern vielmehr die Gewißheit, daß Jesus Christus mich so liebte, wie ich war, selbst mit meinem Schicksal und Wesen, das mit dem Namen »Wamwenderaki« verbunden war.

Nachwort

Sie kam an unseren Messestand in Frankfurt und stellte sich vor: Florence Muranga aus Uganda. Von ihrem Mann hatte ich bereits in Bayreuth einiges erfahren. Sie aber kannte ich bisher nicht. Wir unterhielten uns über ihre Heimat Uganda, das Sir Winston Churchill einmal die Perle Afrikas genannt hatte. Was war aus diesem schönen Land am Viktoriasee geworden? Ist Idi Amin allein schuld, daß es zum Armenhaus in Afrika wurde, oder auch u. a. wir Deutschen? Denn schließlich wurden die Grenzen Afrikas 1884 bei der Berliner Kongo-Konferenz gezogen, die unter dem Vorsitz von Kaiser Wilhelm auf Anregung seines Kanzlers Fürst Bismarck einberufen wurde. Eigentlich wollte man damals die Freischiffahrt auf dem Kongo garantieren, um über diese mächtige Wasserstraße Ostafrika zu erreichen, ohne das »Kap der guten Hoffnungen« umsegeln zu müssen.

Es war damals logisch, daß man erst einmal feststellen mußte, wie weit denn eigentlich der ägyptische, britische, deutsche, französische, holländische oder portugiesische Einfluß in Afrika ging. So kam man zu einer Grenzführung in Afrika, die gleichzeitig zur Teilung vieler afrikanischer Stämme führte; denn die Grenzen wurden nach europäischen Interessen gezogen, ohne Rücksicht auf gewachsene Heimatgebiete vieler Stämme.

Uganda wurde in seinen gemachten Grenzen damals 1884 geboren. Viele sich bisher fremde Völker wurden zu einer Nation erklärt. Menschen, die sich so fremd sind wie Deutsche, Portugiesen und Chinesen, gehörten jetzt zu einem Land. Sie verstanden sich nicht, wenn sie miteinander reden wollten, denn ihre Sprachen waren grundverschieden, die Kulturen der ethnischen Gruppen auseinanderstrebend, und jeder wollte ab sofort das Land beherrschen und regieren.

Ich sprach mit Frau Muranga über die Nöte, Morde, Dürre und Hungerkatastrophen Ugandas. Doch wer kann diese Völker verstehen? Welcher Ausländer kann die Situation eines ugandischen Kindes beschreiben?

Nach einer Tasse Tee am Messestand des Verlages unseres »Missionswerk Frohe Botschaft e.V.« holte sie aus der Tasche ein englisches Munskript heraus. Es beschrieb Sabines wundersame Traumreise. ›Hier ist es‹, dachte ich. Nicht wir Europäer beschreiben wie bisher die Situation Ugandas, sondern eine Afrikanerin versucht die Wirklichkeit afrikanischer Kinder als Traum eines deutschen Kindes wiederzugeben. (Wie sollte sie es sonst beschreiben, welches deutsche Kind würde von seinen Eltern in solch eine Zukunft gegeben?)

Ich kenne seit 1965 Uganda. Fast jedes Jahr bin ich mehrmals in diesem Land gewesen. Ich habe viele Presse-Artikel und auch einige Bücher über die Geschichte und die Not Ugandas geschrieben. Doch diese Traumreise konnte nur eine Uganderin beschreiben.

Leider war das Manuskript für ein Taschenbuch zu kurz und so bat ich Frau Muranga um eine weitere Geschichte. Sie schickte diese nach einiger Zeit.

Die Geschichte des Kindes Wamwenderaki schildert das Leben von vielen tausend Kindern in Uganda. In den Ordnern unseres Missionswerkes haben wir viele ähnliche Waisengeschichten. Deutsche Pateneltern versuchen durch ihre monatlichen Gaben diesen Kindern zu helfen. Doch es sind noch viele Tausende von Kindern unversorgt.

Mein Engagement für die Waisen des ostafrikanischen

Bürgerkrieges und die Hungernden in der Savanne ist nicht von ungefähr. Mein Großvater fiel im ersten Weltkrieg, mein Vater kam im zweiten als Sanitäter ums Leben. Doch uns Kindern ging es niemals so schlecht wie Wamwenderaki. Wir bekamen vom Staat Hinterbliebenenrente als Kriegs-Halbwaisen. Solche Unterstützung gibt es in Uganda nicht. Obwohl mein gefallener Vater alter Kämpfer und Propaganda-Leiter in Hitlers NSDAP war, half mir nach meinem Überwechseln von Thüringen nach Bayern eine Jüdin, daß ich eine Ausbildungsstelle bekam. Sollte ich dafür nicht Gott dankbar sein? Wie oft hatte ich nach dem Krieg als Kind vor Hunger nachts nicht schlafen können? Sollte ich heute den Hungernden in den Dürregebieten nicht helfen?

Es war mir eine Freude, bei der Entstehung dieses Buches mitzuarbeiten. Obwohl ich mehrere Kinderbücher geschrieben habe, so hätte ich das Leben der ugandischen Mädchen Kampi und Wamwenderaki nicht beschreiben können. Was mich aber besonders erfreute war, daß Florence Muranga nicht eine Geschichte von einem Waisenkind erzählte, das Pateneltern in Europa oder Amerika hat, sondern, daß Wamwenderaki ihre Schulausbildung einer von ihrem Mann verlassenen afrikanischen Hebamme verdankte.

Wir sind als MFB-Kinderhilfswerk dankbar für die über 300 Pateneltern, die wir allein für die Waisen in Uganda gefunden haben. (Die Kindernothilfe, Gemeinde Gottes und World Vision Salem haben weitere Patenschaften.) Die dankbaren Briefe der Kinder und die Berichte unserer afrikanischen Mitarbeiter und der Bischöfe zeigen, wie nützlich diese Paten-Hilfe in Übersee ist. Es darf aber nicht vergessen werden, daß in allen Ländern des afrikanischen Kontinents weit mehr Kinder durch die Hilfe afrikanischer Verwandter und Pateneltern zur Schule gehen können, als durch die Patenschaftsprogramme der Christen aus den Industrienationen. Sie alle verdienen weniger und bringen größere Opfer.

So wie Wamwenderaki möchten unzählige afrikanische Kinder gerne zur Schule gehen. Wer aber zahlt für ihre Schulbücher, Schulkleidung, für den Schulbaufond oder die Schulspeisung?

Es gab viele lieblose Kritik in der Presse an den Patenschafts-Programmen der Missionswerke. Gibt es nicht auch viele liegengebliebene Entwicklungsprojekte, die große Summen verschlangen und niemals der Gesamtbevölkerung dienen werden, weil Korruption, mangelndes Management und verkehrte Planung das Geld vergeudete?

Ich grüße mit diesem Nachwort alle Leser, die für ein Patenkind in der Dritten Welt opfern. Ihr Name wird niemals auf einer Gedenktafel eines feierlich eingeweihten Entwicklungs-Projektes stehen. Aber das, was sie einem der Geringsten getan haben, wird nicht ohne Frucht bleiben, dafür gab Jesus Christus sein ewig bestehendes Wort.

Wolfgang Heiner, Gründer und Leiter des MFB

Die Kinder von Uganda

Während der Frankfurter Buchmesse war ich mit dem Auto unterwegs. Plötzlich hörte ich eine Sendung des Deutschlandfunks über die Kinder in Uganda. Die Sendung lief schon einige Zeit. Es brauchte einige Minuten, bis ich eine Cassette bereit hatte, um während der Fahrt im Auto diese Sendung aufzunehmen. Vorher wurde erzählt, daß im Luwero-Distrikt, also in der Namirembe-Diözese, in der wir das Patenschafts-Programm haben, früher rund 500 000 Menschen gelebt hatten, aber jetzt nur noch 150 000 Menschen dort sind. Die Soldaten brachten viele Menschen der Privatbevölkerung um. Zu Beginn wurde etwas über die Kinder von Karamoja gesagt. Krieg und Terror, Flucht und Militarisierung haben die Kinder Ugandas physisch und psychisch tief erschüttert. Zehntausende von Kindern sind durch Gewalt, Hunger und Furcht körperlich und geistig für immer geschädigt.

Aufgeblähte Bäuche gehören zum Alltagsbild. Anhaltender Hunger hat viele Kinder schrecklich entstellt. Die Kinderstation des Nakaseke-Hospitals gleicht einem Saal des Horrors. In den Bettchen liegen Säuglinge mit greisenhaften Gesichtern, Geschöpfe, die auf ihren Tod hin dämmern. Würmer haben Besitz von ihren geschwächten Körpern genommen. Hungerschwellungen lassen sie tonnenförmig erscheinen, gestörte Nieren führen zu grotesk aufgeschwollenen Leibern. Der chronische Hunger, die Jahre der Flucht haben Stoffwechsel und organische Funktionsstörungen, Schäden bei Hirnmuskeln und Skelettentwicklung hinterlassen. Auch das Verhalten der Kinder ist tief gezeichnet von Krieg und Elend.